ALICE STERN

Kaninchen

Natürlich und
artgerecht halten

KOSMOS

Mit 18 Farbfotos von Hans-Jürgen Stern (17) und Th. Wagenblast
(1, S. 35u) und 32 Zeichnungen von Alice Stern.

Umschlaggestaltung von eStudio Calamar unter Verwendung von
drei Aufnahmen von Werner Layer und einer von Reinhard-
Tierfoto (Umschlagvorderseite oben rechts).

Der Inhalt dieses Buches basiert auf dem 1986 bei Franckh-
Kosmos erschienenen Titel „Kaninchen" von Alice Stern.

Unser gesamtes lieferbares Programm und viele
weitere Informationen zu unseren Büchern,
Spielen, Experimentierkästen, DVDs, Autoren und
Aktivitäten finden Sie unter **www. kosmos.de**

FSC

Mix
Produktgruppe aus vorbildlich
bewirtschafteten Wäldern,
kontrollierten Herkünften und
Recyclingholz oder -fasern

Zert.-Nr. SGS-COC-004278
www.fsc.org
© 1996 Forest Stewardship Council

Gedruckt auf chlorfrei gebleichtem Papier

3. Auflage / 2001
© 1991, 2001, Franckh-Kosmos Verlags-GmbH & Co. KG, Stuttgart
Alle Rechte vorbehalten
ISBN 978-3-440-09027-5
Printed in The Czech Republic / Imprimé en République Tchèque

Kaninchen richtig halten

Vorwort zur 3. Auflage

Als ich dieses Buch, ebenso wie das bei Kosmos erschienene Fachbuch „Geflügel artgerecht halten", 1986 schrieb, gehörte ich noch zur Randgruppe der weltfremden Exoten. Aber der Verlag gab mir eine Chance.

Mittlerweile sind beide Bücher in mehreren Sprachen erschienen und die Ereignisse der jüngsten Vergangenheit zeigen überdeutlich, wie wichtig artgerechte Tierhaltung ist.

BSE und die rasante Ausbreitung gefährlicher Seuchen durch rein profitorientierte, skrupellose Tierhaltung, in der Tiere zum „Material" degradiert werden, zeigen den kürzesten Weg in die Sackgasse – für alle Beteiligten.

Faule Kompromisse gehören genauso dazu wie Verbraucher, die sich mit dem Schlagwort: „Aus deutschen Landen frisch auf den Tisch!" von Billigstangeboten ködern ließen – obwohl sie um die Tier-KZs wissen mußten.

Meine Erfahrungen, unter anderem 13 Jahre in den Kanadischen Rocky Mountains, haben mir gezeigt: ein Schritt in die falsche Richtung, ein fauler Kompromiß, und Sie holen sich eine Kettenreaktion von Problemen in die Ställe, auf die Äcker, in den Garten.

Bleiben Sie konsequent, d.h. nicht dogmatisch, sondern logisch. Es zahlt sich aus – für alle Beteiligten.

Alice Stern

Einleitung

Die Haltung von Haustieren, aus welchen Gründen auch immer, bringt uns wieder ein Stück Natur zurück. Sie ermöglicht es uns, den biologischen Lebensrhythmus auch außerhalb unserer Gattung Mensch zu beobachten. Und wenn wir bereit sind, diese Lebewesen nicht nur als »Tiermaterial« zu begreifen, gibt uns die Haltung von Haustieren darüber hinaus die Möglichkeit, ihr Wesen verstehen zu lernen. Dabei werden wir immer wieder Neues entdecken, denn jedes Tier einer Art, einer Rasse, hat seinen nur ihm eigenen Charakter, und dies um so mehr, je mehr wir ihm die Voraussetzungen bieten, diesen zu entwickeln. Wer sich nun mit dem Gedanken trägt, Kaninchen zu halten, sollte dabei daran denken, daß er seinen Tieren jene Lebensbedingungen ersetzen muß, die ihnen die freie Natur bieten würde. Und es muß daran gedacht werden, daß auch die Kaninchenhaltung Verantwortung bedeutet. Dazu gehören nicht nur die tägliche Fütterung und wöchentliche Stallreinigung – auch während der Urlaubszeit, also wirklich jeden Tag, auch wenn es draußen stürmt und regnet, wenn eisiger Frost die Finger klamm macht oder brütende Hitze das Hobby zur Fron werden läßt –, sondern es kommen noch eine Menge weiterer Fragen hinzu:

- Ist genügend Platz für ausreichend große Stallungen vorhanden?
- Woher den Stall nehmen? – Will und kann ich ihn selber bauen?
- Was sagen die Nachbarn und die gemeindliche Bauordnung dazu?
- Woher das Futter nehmen? – Ist genügend Wiese vorhanden?
- Wie sieht es mit Grasmähen und Heumachen aus?
- Wer schlachtet die Tiere?
- Wer übernimmt die Betreuung während des Urlaubs?
- Für welchen Zweck möchte ich Kaninchen halten?

Dieses Buch soll Ihnen bei der Beantwortung dieser entscheidenden Fragen helfen, Anregungen geben und Hilfestellung bei immer wieder einmal auftauchenden Problemen leisten.

Die zuletzt gestellte Frage: »Für welchen Zweck möchte ich Kaninchen halten?« sollte allerdings am Anfang aller weiteren Überlegungen und Planungen stehen.

Allein der erzieherische Aspekt der Tierhaltung ist hoch zu bewerten. Kinder, die in der Gemeinschaft mit Tieren aufwachsen, lernen unter liebevoller elterlicher Anleitung, Rücksichten zu nehmen, üben Verständnis und Einfühlungsvermögen, wo sonst manchmal unter Geschwistern recht derbe Verhaltensweisen herrschen. Verantwortung und Liebe für alles Kreatürliche und gerade für die Schwächeren zu entwickeln ist ein wichtiges pädagogisches Ziel, das durch die Haltung von Haustieren sehr positiv beeinflußt werden kann. Voraussetzung ist aber, wie gesagt, daß die Eltern die sachgemäße Behandlung des Tieres behutsam überwachen und keine Vermenschlichung zulassen.

Ob ich nun aber für meine Kinder einen Hausgenossen und mit Einschränkung »Spielkameraden« möchte oder mich mit gesundem Fleisch versorgen will, sind schon zwei von der weiteren Ausführung her sehr unterschiedliche Ausgangspositionen. Denn daß »Fritzchen« oder »Frieda«, als einzelne Haustiere mit Familienanschluß gehalten, wohl keinem ihrer Menschenfreunde in noch so feiner Sauce munden werden, brauche ich sicher nicht näher zu erklären.

Anders wird es dagegen sein, wenn man ein oder zwei Hasenmütter im geräumigen Stall – wenn möglich mit Auslauf – ein frohes und fruchtbares Leben führen läßt. Zieht man dann zweimal im Jahr deren 6- bis 12köpfigen Wurf etwa ein halbes Jahr auf, um sie anschließend zu schlachten, ist die persönliche Bindung zu den Jungtieren in geringerem Maße vorhanden. Es wird dann einfacher sein, sich und den Kindern begreiflich zu machen, daß, wer Fleisch essen will, auch die Verantwortung für die Schlachtung übernehmen sollte. Denn sicher ist es moralisch eher vertretbar, ein Tier, das ein gutes Leben führen durfte, mit dem dazu nötigen Respekt vor allem Lebenden unter Vermeidung von Streß und Angst zu schlachten, weil man Hunger hat, als irgendein unter unbekannten Bedingungen gehaltenes und getötetes Tier aus dem Supermakt in den Kochtopf zu stecken.

Neben der Geflügelhaltung sind »Stallhasen«, wie sie oft im Volksmund genannt werden, typische Selbstversorgertiere mit langer Tradition, da sie Fleisch, Fell, Wolle (Angora-Kaninchen)

und Dünger liefern, ohne daß außergewöhnliche Investitionen für die Haltung erforderlich werden. Es ist jedoch zu empfehlen, ohne Provisorien zu beginnen, da diese nach eigener Erfahrung immer das Beständigste sind und nur unnötigen Arbeitsaufwand verursachen, bis darüber endlich die Lust vergeht, sich weiterhin mit Kaninchenhaltung zu beschäftigen. Ein wichtiger Grundsatz ist also: Erst der Stall – dann die Tiere! Falsche und unsachgemäße Haltung, auch nur für kurze Zeit, wird allen verantwortungsbewußten Tierhaltern ohnehin ein Tabu sein. Auch sollte man es vermeiden, durch exotische Improvisationen die Landschaft zu verschandeln oder gar durch unsachgemäßen Stallbau Gerüche und Fliegenplage entstehen zu lassen. So fördert man nur eine verständlicherweise negative Einstellung der Nachbarn gegenüber Kleintierhaltern, und kommunale Verbote auch in bisher für die Kleintierhaltung zugelassenen Wohngebieten sind die Folge.

Wer in einem Kleintierzüchterverband organisiert ist, hat die Möglichkeit, sich von deren Rechtsberatern Hilfe in strittigen Situationen zu holen. Auf jeden Fall sollte aber vor der Durchführung eines Stallbaues die Gemeindeverwaltung nach eventuellen Auflagen befragt werden.

Neben der Tierhaltung mit Familienanschluß und dem Ziel der Selbstversorgung gibt es aber auch den ständig wachsenden Teil der Menschen, die sich nach Feierabend einem sinnvollen, naturverbundenen Hobby widmen wollen, die einfach Freude am Umgang mit Tieren und an streßfreier körperlicher

Einleitung

Betätigung im Freien haben. Und erfreulicherweise wächst auch die Zahl der Pensionäre, die nicht daran denken, ihren erwerbsmäßigen Ruhestand als Verbot für sinnvolles Arbeiten anzusehen, und sich darum für die Kaninchenhaltung als neue Aufgabe entscheiden.

Zuletzt möchte ich noch eine Gruppe hervorheben, die immer weiter wachsen wird – die vielen, vor allem jungen Menschen ohne Anstellung, die sich auf immer längere Zeiträume einstellen müssen, in denen sie ohne regelmäßiges Einkommen leben werden. Die Gefahr, in passiver Abhängigkeit gegenüber den staatlichen Einrichtungen und ihrer immer größer werdenden Macht zu verharren, ist groß. Wer für sich die Möglichkeit sieht, verschiedene Formen der Selbstversorgung, z. B. im Garten und in der Kleintierhaltung, zu beginnen, sollte diesen Schritt mit der Kaninchenhaltung versuchen, die in Wohngegenden zudem den Vorteil hat, geräuschlos zu sein. Allerdings halte ich es schon für recht bedenklich, wenn Kinderlärm und Tiergeräusche verpönt sind, ohrenbetäubende Staubsauger und dröhnende Rasenmäher aber auf saubere und ordentliche Menschen schließen lassen dürfen.

Wer aber die örtlichen Voraussetzungen vorfindet, wer Freude an der Natur hat, wer die Verantwortung nicht scheut, wer den Umgang mit allem Lebenden liebt, wer körperliche Arbeit im Freien sucht und dazu die vielen nützlichen Produkte dieses Hobbys verwerten möchte, der soll sich nicht scheuen, nach der theoretischen Information dieses Buches, nach Gesprächen und aktivem Zupacken bei einem Kaninchenzüchter mit der Haltung dieser liebenswerten Tiere zu beginnen.

Verlag und Autorin wünschen viel Freude und Erfolg!

> *»Tiere sind Gefühlsmenschen mit sehr wenig Verstand.«*
> *Oscar Heinroth, einer der Väter der Verhaltensforschung*

Kleine Verhaltenskunde

Wer eine Pferdekoppel einzäunt, weiß, daß er nur verhältnismäßig wenige Pfosten und Querverbindungen braucht, um die Pferde am Ausbrechen zu hindern. Wer Schafe hält, kann darüber nur säuerlich lächeln, denn ein wirklich sicheres und transportables Gehege muß für diese Tierart eigentlich erst noch erfunden werden. Warum ich diese Beispiele bringe? Wer für Tiere eine Unterkunft – ob Stall oder Freigehege – bauen will, wer sie aufziehen und züchten will, muß um ihre biologischen und sozialen Besonderheiten wissen. Nur so können praktikable Ställe gebaut werden. Bevor ich also einen Stall baue, muß ich wissen, wie sich das Tier verhält und welches Futter es aufnimmt.

Im Falle der Kaninchen ist es sicher ratsam, auch einiges über deren »wilde« Verwandtschaft zu erfahren. Natürlich sind Wildkaninchen robuster als unsere »Stallhasen«, die z.B. ein viel schwächeres Herz haben. Wildkaninchen wiegen nur etwa 1–2 kg, schwere Rassekaninchen bringen dagegen leicht 7 kg auf die Waage. Beim Wildkaninchen finden wir noch die Ursprungsfarbe des Felles: braun-grau mit rötlichen Flecken im Nacken und weißer Bauchseite. Mit dieser idealen Tarnfarbe können sie sich einfach totstellen, bis eine Gefahr vorüber ist, oder sie fliehen, wenn die Bedrohung zu groß wird, geschickter als Feldhasen mit rasantem Hakenschlagen in ihren Bau. Wenn der zu weit entfernt ist, suchen sie Schutz in stachligem, dichtem Unterholz. Außerdem warnen sie bei drohender Gefahr ihre Nachbarn durch mehr oder weniger heftiges Trommeln mit den Hinterläufen. Auch das domestizierte Hauskaninchen hat noch dieses ausgeprägte Flucht- und Warnverhalten. Wem einmal ein Tier entwischt ist, weil die Stalltür nicht richtig verschlossen war oder die Zeit im Bodengehege genutzt wurde, um sich in die Freiheit zu buddeln, der weiß, daß

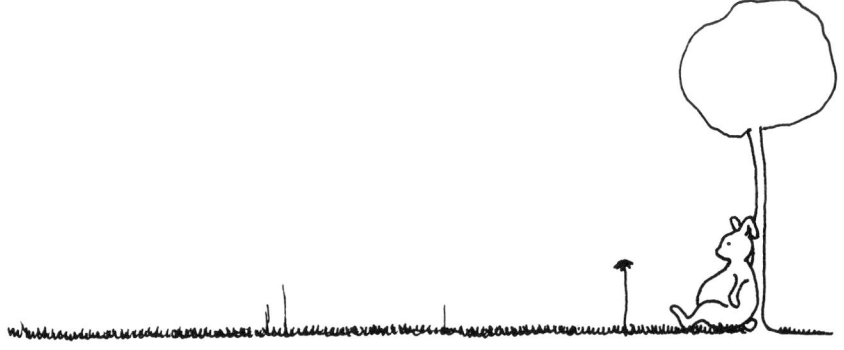

man auch bei handzahmen Tieren seine liebe Mühe hat, sie wieder einzufangen, da durch Verfolgung unweigerlich dieses Fluchtverhalten ausgelöst wird. Also am besten Ruhe bewahren und mit außergewöhnlichen Leckerbissen im offenen Bodengehege auf die Rückkehr des Ausreißers warten, bis dieser sich sicher genug fühlt, um zurückkehren zu können. Daß in diesem Gehege natürlich erst das Loch gestopft und eventuell weitere darin befindliche Kaninchen »evakuiert« werden müssen, versteht sich von selbst. Am besten hat man für solche Fälle einen Reservelaufstall zur Hand. Ist der Versuch geglückt – leise, blitzschnell und unauffällig die Klappe schließen. Ganz einfach!?

Wer ein Kaninchen im Haus hält, wird es mit etwas Geduld auf »komm«, »raus« oder ähnliche (aber immer gleichbleibende) Worte dressieren können, die auch sehr wohl verstanden werden. Nur – ob sie Ihr Kaninchen auch befolgt, hängt in erster Linie von dessen jeweiliger Stimmung ab! Doch wieder zu den wilden Verwandten. Wildkaninchen bevorzugen trockenes und mildes Klima, Flachland bis Mittelgebirge, lichte Kiefernwälder und zum Höhlenbau günstige Bodenverhältnisse. In weichem, sandigem Boden lassen sich die vielen ausgedehnten Röhren zum Wohnkessel kräfteschonend buddeln. Auch das Stallkaninchen wühlt noch gerne, wobei die Hinterläufe die anfallenden Erdhaufen aus dem Weg räumen.

Je nach Ergiebigkeit der den Bau umgebenden Futtergründe markiert sich das Wildkaninchen ein Revier, das bis zu 20 ha Gelände umfassen kann. Dazu werden feste Wege angelegt, die sogenannten »Wechsel«. An herausragenden Punkten, etwa einem Maulwurfshügel, werden durch die Afterdrüsen speziell dafür präparierte Kotkügelchen abgelegt und das Ganze noch mit Urin bespritzt. Zusätzlich hat der Rammler, also das Männchen, noch eine Kinndrüse, mit der er durch Reiben an Grasbüscheln, Holz und Steinen und an all seinen Familienmitgliedern Besitzansprüche dokumentiert. Durch diese Duftmarken ist es allen Kaninchen möglich, genaue Angaben über die jeweiligen Familienverhältnisse – Alter, Geschlecht, Trächtigkeit, Mutterschaft oder Deckbereitschaft – zu erhalten. Auch diese Fähigkeit ist den Hauskaninchen erhalten geblieben, die wie ihre freilebenden Verwandten nur schlecht sehen können. Darum wird erst die »Visitenkarte« gelesen und dann der Besucher beschnuppert. Je größer und ergiebiger beim Rammler die Duftdrüsen sind, um so höher ist sein sozialer Status. Wenn einem Familienvater das alles noch nicht genügt, bespritzt er seine Lieben zur Sicherheit noch mit Urin.

Bei Revierstreitigkeiten unter Rammlern hat der dann eingesetzte Urin statt der hellgelben eine rote Färbung. Aber auch die harten Krallen der Vorderläufe und die Zähne kommen bei solchen Auseinandersetzungen zum Einsatz. Trifft ein revierfremdes Weibchen mit einer eingesessenen Karnickelfamilie zusammen, wird es freundlich aufgenommen, muß sich aber vor der Gattin des Rammlers in acht nehmen. Diese lebt nämlich in lebenslanger Einehe mit ihrem Rammler zusammen, wenn der auch ab und zu andere Häsinnen (so heißen die weiblichen Kaninchen) besucht, die immer getrennt von der Familie wohnen. Junge heranwachsende Rammler legen durch Kämpfe ihre Rangordnung untereinander fest und freunden sich gern mit den Nebenfrauen des Familienvaters an, müssen diesem aber aus dem Weg gehen, ebenso wie den Ehefrauen, die sich gegen andere Rammler mit kräftigen Hieben zur Wehr setzen. Ansonsten geht es in der Kaninchenfamilie sehr freundlich und liebevoll zu. So kümmert sich auch der Vater um die älteren Jungen, putzt und beschützt sie und nimmt sie auf Ausflüge mit.

Wer genügend Platz zur Verfügung hat, kann diese Familienidylle auch mit seinen Hauskaninchen erleben, denn genau wie die Wildkaninchen leben sie gern gesellig. Ein deutlicher Unterschied besteht zwischen Haus- und Wildkaninchen in der Paarungszeit. Wildkaninchen können von Ende Januar bis Ende Juni mehrere Würfe großziehen. Zwar ist auch beim Hauskaninchen diese Jahreszeit mit erhöhter Paarungsbereitschaft verbunden, aber auch über die restliche Zeit des Jahres sind jederzeit Würfe möglich.

Wer einmal Gelegenheit hatte, Wildkaninchen beim Paarungsspiel zuzusehen, wird das so schnell nicht vergessen. Hat ein Rammler eine deckbereite Häsin gefunden, versucht er, ihre Aufmerksamkeit auf sich zu lenken, indem er ihr erst einmal in gebührender Entfernung nachstellt. Dabei benimmt er sich möglichst verliebt, vollzieht verzwickte Sprünge und läßt nichts aus, um ihr aufzufallen. Wenn sie geneigt ist, ihn zur Kenntnis zu nehmen, folgt ein langes Hin und Her, ein Nachlaufspiel; mal scheint sie zu wollen, dann doch lieber

nicht, bis beide endlich Nase an Nase liegen und sich gegenseitig hingebungsvoll und äußerst ausdauernd Kopf und Ohren belecken. Schließlich soll diese Bekanntschaft ja – falls er nicht schon eine eigene Familie hat – ein ganzes Kaninchenleben lang fortbestehen.

Sind sich die beiden also einig geworden, werden nach 28–31 Tagen die Jungen geboren, für die die Mutter einige Tage vorher eine Setzröhre mit Brutkessel gebaut hat. Das kuschelige Nest hat sie mit Moos, trockenem Gras und vielen Bauchhaaren ausgepolstert. 40–50 g wiegen die nackten, blinden und tauben Jungen, wenn sie zur Welt kommen. Acht Tage später ist ihnen ein Fell gewachsen, sie können krabbeln und Geräusche wahrnehmen, und mit zehn Tagen öffnen sie die Augen. Verläßt die Häsin das Nest, verschließt sie den Brutkessel immer ordentlich mit Erde und Moos. Anschließend wird der Eingang noch mit einer Duftmarke versehen. Mit etwa drei Wochen dürfen die Jungen auch mit dem Vater die Welt erkunden, und mit vier bis fünf Wochen brauchen sie keine Muttermilch mehr, sie sind also früher selbständig als ihre domestizierten Geschwister; mit acht bis zehn Monaten können sie bereits ihre eigene Familie gründen.

Haus- und Wildkaninchen sind sehr auf Reinlichkeit bedacht, machen ausführliche Fellpflege und mögen es gar nicht, wenn Fell und Pfoten naß werden. Daran sollte jeder Kaninchenhalter denken, wenn es um die Stallhygiene geht. Wie oft habe ich Tiere gesehen, an deren Hinterpfoten Urin und Kot klebten! Entzündungen lassen dann nicht lange auf sich warten. Typisch ist das bei zu kleinen

Verhalten

Käfigen, in denen die Kaninchen im eigenen Kot sitzen müssen.

Kaninchen sind ausgesprochene Feinschmecker, die die Abwechslung lieben. Wie es mit der beim Wildkaninchen vorhandenen Kenntnis um Giftpflanzen beim Hauskaninchen bestellt ist, weiß ich nicht zu sagen. Solche Versuche sollten besser unterbleiben.

Wie das Wildkaninchen braucht auch das Stallkaninchen die Möglichkeit, seine lebenslang nachwachsenden Zähne kurzzuhalten. Wurzelgemüse, harte Brotkrusten (ohne Schimmel!) und Äste, von denen geschickt die saftige Rinde abgeschält wird, helfen dabei.

Alle höher entwickelten Tiere haben eine Laut- und Körpersprache, also auch die Kaninchen. Ihre Lautsprache beschränkt sich allerdings auf wenige, nur aus der Nähe wahrnehmbare Geräusche, die je nach Temperament mehr oder weniger häufig eingesetzt werden. Mit der Körpersprache kombiniert, ergeben sich die folgenden häufigsten Ausdrucksmöglichkeiten, die jeder Tierhalter kennen sollte:

Aggressive Stimmung mit möglicherweise nachfolgendem Angriff: Kurzes, hartes, mehrfaches Knurren, geduckte Haltung mit zum Sprung bereiten, angespannten Läufen und angelegten Ohren, weit geöffnete Augen. Rammler beginnen so den Revierkampf.

Verteidigungsbereitschaft: Sitzen in angespannter Haltung mit angelegten Ohren, die Vorderläufe mit ihren häufig spitzen Krallen können zum Einsatz kommen.

Neugier, Gefahr wittern, aus dem Käfig wollen: Die Tiere erheben sich mit aufgestellten Ohren auf die Hinterläufe, machen Männchen, können so ihre Umgebung besser überblicken bzw. Geruchssignale und Geräusche besser aufnehmen.

Angst, unangenehme Situation: Ganz leises Fiepen, Klopfen mit den Hinterläufen.

Brunftbereitschaft: Beim Rammler leises, andauerndes Brummen, während er die Häsin (oder was sonst geeignet erscheint) umhoppelt und beschnuppert.

Ruhebedürfnis: Das nachtaktive Tier liegt bei Hitze mit lang ausgestreckten, bei Kälte mit angezogenen Läufen auf dem Bauch, die Augen sind halb geschlossen, die Ohren angelegt.

Kontaktbedürfnis: Das Kaninchen stubst den Partner mit der Schnauze, erwidert die Zuwendung durch Lecken als »soziale Fellpflege«, knirscht bei besonderem Wohlbehagen mit den Zähnen und wälzt sich hin und her. Auch heftiges Buddeln soll den Partner aufmerksam machen. Ist es genug der Zärtlichkeit, wird der andere mit der Schnauze weggeschoben.

Schmerzen: Zähneknirschen.

Soviel zum besseren Verständnis Ihrer zukünftigen Schützlinge.

Und versetzen Sie bitte Ihre Kaninchen nicht in Angst und Schrecken, indem Sie in deren unmittelbarer Nähe einen neuen Stall zusammennageln oder auf andere Art laute Klopfgeräusche verursachen! Denn das würde sofort als »Achtung – Gefahr!«-Trommeln mit den Hinterläufen verstanden werden. Überhaupt sollte jedes hektische Hantieren vor und erst recht hinter den Ställen vermieden werden, da auch im Kaninchen nur ein kleines Hasenherz schlägt.

Ratschläge zur richtigen Haltung

Nach alldem, was wir nun über die Kaninchen wissen, können wir das Mosaik dieser Informationen etwa so zusammenfassen:

Das Kaninchen ist ein bewegungsfreudiges Tier, dessen Hauptaktivität sich in der Dämmerung abspielt. Es sieht sehr schlecht, hat aber eine hochempfindliche Nase und gute Ohren. Seine Vermehrungsfreudigkeit ist sprichwörtlich, und es lebt gern gesellig, wobei die geschlechtsspezifischen Verhaltensformen beachtet werden müssen.

Daß Halter und Züchter (auf diese Unterscheidung legt man in Fachkreisen großen Wert) auf den Bewegungsdrang bisher wenig Rücksicht genommen haben und Gesellkeit meist nur in überfüllten Jungtierställen angetroffen wird, ist eine bedauerliche Situation, die zum einen damit erklärt werden kann, daß Tiere selten und Kaninchen überhaupt keinen lautstarken Protest in solchen Situationen anmelden. Dazu kommt noch eine Menge Gedankenlosigkeit – man übernimmt einfach, was man bei anderen gesehen hat, und da ging's ja auch – also fertig. Aber einmal von der ethischen Überlegung abgesehen, daß Leben (und gar schon solches, das uns so nützlich ist) geachtet werden sollte und wir dieses, wenn es in unserer Macht steht, auch lebenswert gestalten sollten, bleibt noch folgendes zu bedenken: Bewegung (je mehr, um so besser) und damit Förderung der Stoffwechselaktivität sowie soziales Wohlbefinden sind zwei für alle Tiere wichtige Voraussetzungen, um die körperliche Gesundheit zu erhalten. Wer das beherzigt, wird mehr Freude an der Tierhaltung haben, weniger Krankheiten bekämpfen müssen und qualitativ hochwertiges Fleisch erhalten. Allen, die Tiermast betreiben und denen nun die Haare zu Berge stehen, möchte ich zu bedenken geben, daß Muskelfleisch gesünder für uns ist als Fett, von dem wir längst schon zuviel verwenden. Natürlich gehört Fett auch zu unserer Ernährung, beeinflußt die Vitaminverwertung und kann ein bedeutender »Geschmackslocker« sein. Wer großen Wert auf Fett legt, kann ja kurz vor der Schlachtung seinen Tieren noch ein paar faule Tage gönnen.

Wissenswert ist weiter, daß das Kaninchen ein Dauerfresser ist, dessen Verdauungsapparat permanente Futterschübe braucht. Bis zu 80 Mahlzeiten nimmt es in 24 Stunden zu sich. Sein Blinddarm ist enorm vergrößert, um das rein vegetarische Futter besser verwerten zu können, und bildet den wichtigen Vitamin-B-Komplex, mit dem der hellbraune, schleimig überzogene »Vitaminkot« angereichert ist. Der wird direkt vom After abgenommen und wieder gefressen. Fachleute behaupten, das geschehe sogar in erster Linie, um den Magen immer wieder aufzufüllen – Kaninchen haben nur ganz wenige Magenmuskeln, und so muß einfach die Menge des Speisebreis ordentlich Druck ausüben, damit die Nahrung weiter in den Darm gestopft wird. Doch wie dem auch sei – das Kaninchen zeigt damit keine Verhaltensstörung, sondern braucht den Kot zu seiner Gesunderhaltung. Darum Vorsicht bei kleinen Ställen mit Gitterrosten am Boden ohne Einstreu – hier fällt oft gleich der wichtige Vitaminkot mit durch. Außerdem fühlt sich jedes Tier mit Einstreu wohler. Es entspricht eben den natürlichen Bedingungen, wenn ein Tier sich sein Nest zurechtwühlen kann, das vor Bodenkälte und Feuchtigkeit schützt. Verletzungen der Läufe sind nur allzuoft die Folge einstreuloser Haltung, ebenso wie Verhaltensstörungen. Zusätzlich wird saubere Einstreu gern gefressen, was als Ballastfutter für die Gesunderhaltung wichtig ist und außerdem Futterkosten spart. Wer seinem Kaninchen diesen Komfort gönnt, wird außerdem feststellen, daß das Fell bei guter Haferstroheinstreu deutlich gepflegter ist. Und bei der Aufzucht der Jungen ist Einstreu für das Nest ganz unentbehrlich.

Nicht verwendet werden sollten Sägespäne, da sie im Fell hängenbleiben, ebenso Holzwolle. Die Saugfähigkeit und das Wärmespeichervermögen von trockenen Blättern ist nicht besonders gut. Altes Heu staubt enorm und reizt die empfindlichen Schleimhäute. Schlechtes Heu ist gefährlich, da die Schimmel- und Faulstellen tödliche Wirkung haben können. Rasenschnitt entwickelt feuchte Hitze und hat wenig Saugkraft, während Wiesenschnitt als Einstreu die reine Verschwendung ist. Auch entwickelt er genau wie Rasenschnitt feuchte Hitze und gärt dann. Wird diese Einstreu von Kaninchen aufgenommen, kommt es unweigerlich zu Blähungen mit Todesfolge. Es geht also nichts über Stroheinstreu, am besten Haferstroh.

Obwohl Kaninchen ein Nagegebiß besitzen, gehören sie streng wissenschaftlich gesehen nicht zur Ordnung der Nagetiere, sondern bilden zusammen mit den Hasen die Ordnung der Hasentiere. Trotzdem nagen sie gern, und wir sollten ihnen Gelegenheit dazu bieten, damit sich ihre ständig nachwachsenden Schneidezähne richtig abnützen.

Kaninchen sind sehr reinlich, machen eine intensivere Fellpflege als zum Beispiel Katzen, sind sozusagen von Natur aus stubenrein und erledigen ihre Geschäfte am liebsten weitab vom Nest, möglichst in einer dunklen Ecke. Wer das weiß, kann sich die Stallarbeit sehr erleichtern, indem er den Tieren diese Möglichkeit gibt, er spart außerdem enorm an Einstreu. Voraussetzung auch hier wieder: Der Stall muß groß genug sein. Wer nun sagt: Wenn der Stall zu groß, d.h. auch zu tief ist, klappt es mit der Stallreinigung überhaupt nicht mehr – dem sei geraten, die Rückwand des Stalles abnehmbar zu bauen. So braucht man nur noch mit der Schubkarre die hintere Stallgasse entlangzufahren und räumt mit einem Schieber den guten Dünger in die Karre oder entleert eine Kunststoffwanne (mit Stroh gefüllt), die die Hälfte der hinteren Breitseite des Stalles einnimmt. Kaninchen lieben Licht und frische Luft, brauchen aber Schutz vor praller Sonne und vertragen, wie alle anderen Tiere (und Menschen), keine Zugluft. Da sie, wie gesagt, Dämmerungstiere sind, die sich in der freien Natur vor Feinden, schlechtem Wetter und praller Sonne in ihre Höhlen flüchten, sollte der Stall als Höhlenersatz weder grellweiß gestrichen noch feucht sein und temperaturausgleichend wirken. Es gibt Fachleute, die eine ständig gleichbleibende Temperatur von 14–16°C als optimal für Kaninchen bezeichnen. In freier Natur wirkt ihre Höhle zwar temperaturausgleichend, aber trotzdem sind erhebliche Temperaturschwankungen die Regel. So aufgewachsenen Tieren wächst dann ein prächtiges Fell zur kalten Jahreszeit, und der Körper härtet sich ab. Auf jeden Fall vertragen Kaninchen viel besser Kälte als extreme Hitze, der sie mit ihrem Fell ohne große Körperflächen zur Transpiration schutzlos ausgeliefert wären, hätten sie nicht ihre kühlenden Erdhöhlen, die dann im Winter den beißenden Frost abhalten.

Übrigens ist ein gut durchgehaartes Winterkaninfell nicht mit der minderwertigen Qualität von Billigimporten zu vergleichen, aus der zwar preiswerte, aber durch ständiges Fusseln und reißendes Leder im Endeffekt viel zu teure Kleidung hergestellt wird. So sollten auch im Interesse der Fellverwertung die Tiere einem natürlichen Klimawechsel ausgesetzt sein.

Wer natürlich drei oder gar vier Würfe pro Häsin und Jahr für unabdingbar hält, braucht Innenställe mit gleichbleibender Temperatur, damit die Häsin auch in der kalten Jahreszeit deckbereit bleibt. Bedacht werden muß dabei aber auch, daß es unter Umständen sehr schwierig und unwirtschaftlich sein kann, zu dieser Jahreszeit das für die säugende Häsin und dann auch für die Jungtiere so wichtige Grünfutter bzw. einen teuren »Ersatz« dafür zu verfüttern.

Kaninchenställe und Ausläufe

Mit ein wenig handwerklichem Geschick und dem nötigen Werkzeug kann man sich die Unterkünfte für seine Kaninchen leicht selbst herstellen. Einen möglichen Grundriß für einen Einzelstall zeigt Abb. 1. Mit den angegebenen Maßen (110 cm breit, 90 cm tief, 70 cm hoch) erhält man einen ausreichend großen Stall auch für die großen Rassen; die Mindestmaße für mittelgroße und kleine Rassen sollten etwa 80×80 cm betragen. Die Rückwand des Stalles kann entweder geschlossen aus Brettern oder als Fenster gebaut werden. Eine Ausführung mit Fenstern empfiehlt sich insbesondere, wenn man sich gleich eine ganze Kaninchenzuchtanlage mit Stallgang baut (Abb. 10).

An der Rückfront des Stalles wird ein Rechteck des Stallbodens zur Aufnahme eines Kotkastens ausgespart, der durch untergenagelte Leisten festgehalten wird (Abb. 3). Kotkästen aus Kunststoff sind in unterschiedlichen Größen im Kleintierfachhandel erhältlich. Türen und Fenster des Stalles können als Schiebetüren bzw. -fenster gebaut werden, damit sie beim Füttern und Ausmisten weniger stören. Dazu werden in 3–4 cm Abstand zur Stalldecke an den Seitenwänden quadratische Leisten angenagelt, auf denen die Tür- bzw. Fenstersegmente beim Hochschieben gleiten (Abb. 4 und 5). Damit Tür und Fenster nicht nach vorne herausfallen können, werden an der Front- bzw. Rückseite oben und unten Blenden angebracht. Die untere Blende wird mit Haken befestigt, damit sie zum Ausmisten abgenommen werden kann. Sie verhin-

Stallbau

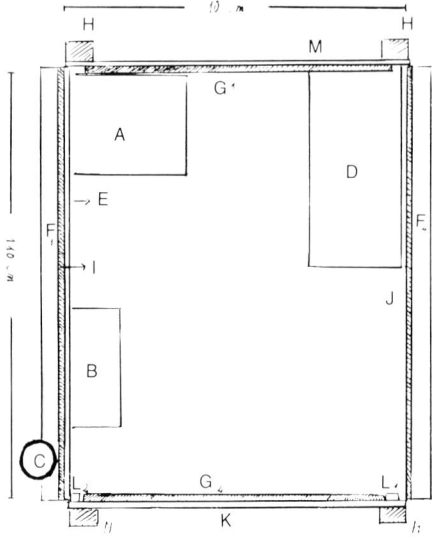

Abb. 1

Abb. 1 (links): Kaninchenstall, Grundriß:
A Heuraufe, **B** Futtertrog, **C** Nippeltränke, **D** Kotkasten, **E** Schutzbrett, **F** Blenden für Tür und Fenster, **G** Gleitschienen für Tür und Fenster, **H** Eckpfosten, **I, J** Fenster, Tür, **K** Zwischenwand, **L** Haltelatten für Zwischenwand, **M** Außenwand.

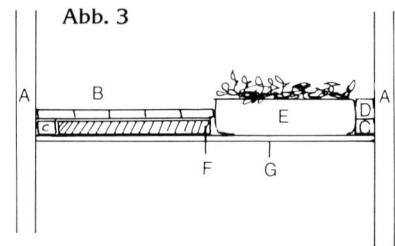

Abb. 3

Abb. 3 (oben): Versenkter Kotkasten, Detail:
A Eckpfosten, **B** kurze Bretter, **C** Bodenträger, **D** Abstandhalter, **E** Kotkasten, **F** Auflage für kurze Bretter, **G** Gegenlattung.

Abb. 2 (unten): Aufriß eines Stallabteils: **A** Bodenbretter, **B** Aussparung für Kotkasten, **C** Boden- und Deckenträger, **D** Leiste als Türauflage, **E** Türblende.

Abb. 5 (rechts): Türhalterung, Querschnitt: **A** Eckpfosten, **B** Boden- und Deckenträger, **C** Blende, **D** Türauflage, **E** Tür, **F** Gleitschiene.

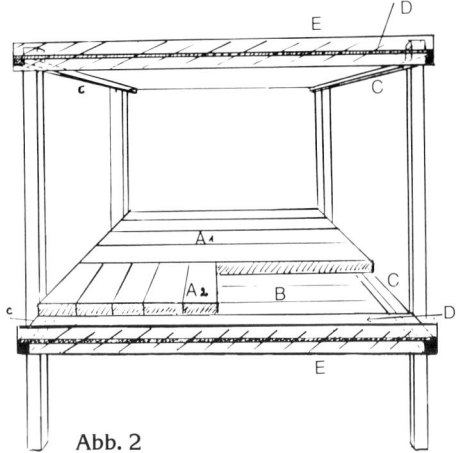

Abb. 2

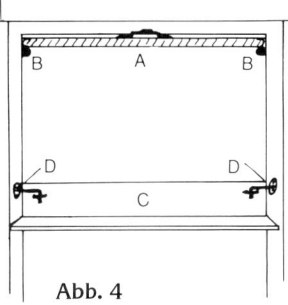

Abb. 4

Abb. 4 (oben): Befestigung der Schiebetür (von vorne): **A** Tür, geöffnet, **B** Gleitschienen, **C** abnehmbare Blende, **D** Haken zur Befestigung der Blende.

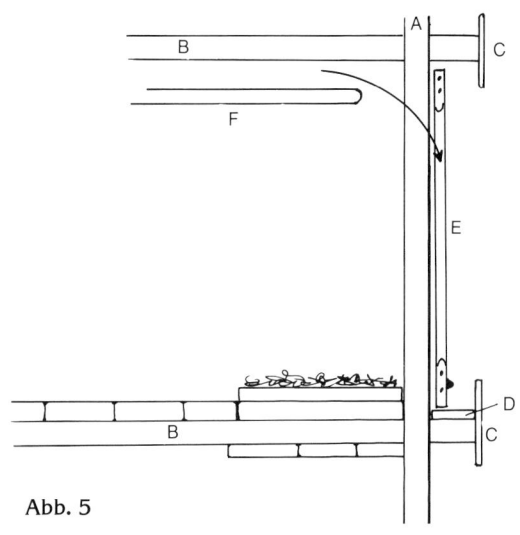

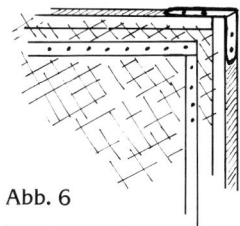

Abb. 6

Abb. 6 (oben): Winkeleisen werden außen auf den Türrahmen gesetzt, der Maschendraht von innen mit Leisten auf den Türrahmen genagelt.

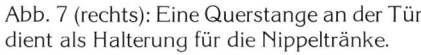

Abb. 5

Abb. 7 (rechts): Eine Querstange an der Tür dient als Halterung für die Nippeltränke.

Abb. 8 (unten): Doppelstall, als Wurf- und Aufzuchtstall ausgebildet.

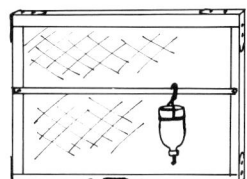

Abb. 7

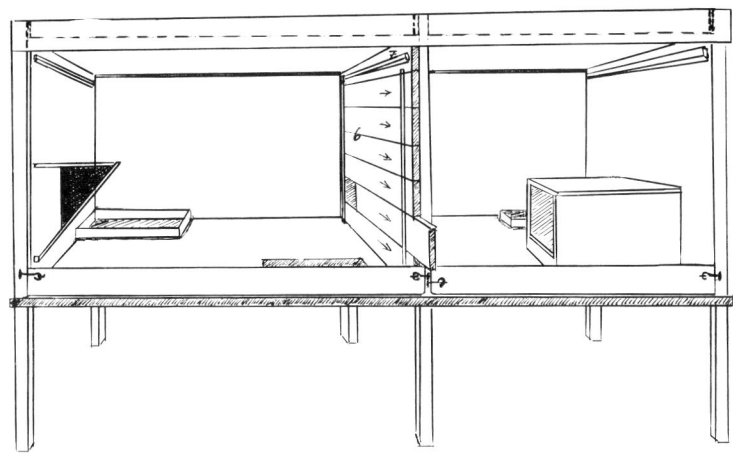

Abb. 8

dert gleichzeitig, daß beim Öffnen von Tür oder Fenster Einstreumaterial herausfällt. Wenn man die üblichen, mit Scharnieren angeschlagenen Türen verwendet, bringt man die Blende an der Innenseite der Tür an.

Die Türrahmen werden aus mindestens 3×3 cm starken Leisten zusammengenagelt und an den Ecken möglichst mit Winkeleisen verstärkt. Diese sollten außen an den Rahmen angebracht werden, damit die Schiebetür auf den Gleitschienen gut läuft. Dann wird fester Maschendraht von innen mit kleinen Leisten auf den Rahmen genagelt (Abb. 6). Vor dem Maschendraht kann man noch eine dünne Latte in den Rahmen einsetzen, die zum Aufhängen der Nippeltränke dient (Abb. 7).

Die Abb. 8 zeigt einen Doppelstall. Er kann durch teilweises oder vollständiges Entfernen der herausnehmbaren Zwischenwand aus Nut- und Federbrettern in einen Wurf- und Aufzuchtstall verwandelt werden. Dazu wird in einem Stallabteil die Futterschale entfernt und eine Wurfkiste aufgestellt, das andere bleibt unverändert. Selbstverständlich können auch mehrere Ställe neben- und übereinander gebaut werden, wie es die Abb. 9 zeigt. Dazu muß natürlich die Rahmenkonstruktion stärker ausgebildet werden. Vor den Ställen auf der rechten Seite der Abbildung sind Sonnensegel angebracht. Sie werden bei großer Hitze angefeuchtet und verhindern, daß die Kaninchen einen Hitzschlag bekommen.

Wer es für sich und seine Kaninchen ganz komfortabel wünscht und bereits beim Bau des Stalles weiß, daß er eine größere Anzahl von Kaninchen halten will, sollte sich, soweit es der Platz im Hof oder Garten zuläßt, für eine überdachte Stallanlage mit Stallgang und eventuell sogar mit Auslauf entscheiden. Grundriß und Frontansicht eines solchen Stalles, der sich durch entsprechende Bepflanzung gut der Landschaft anpassen läßt, zeigen die Abbildungen 10 und 11. Der Stallgang sollte so breit sein, daß man mit einer Schubkarre hineinfahren kann. In einer solchen Stallanlage läßt es sich bequem und auch einmal bei schlechtem Wetter arbeiten. Der Weideauslauf mit Schutzhütte (Abb. 12) dient als Sommerfrische für sonst ständig im Stall gehaltene Kaninchen, gleichzeitig kann man so kleinere Rasen- oder Wiesenstücke abgrasen lassen. Der Gehegeboden sollte mit grobem Maschendraht bespannt sein, damit sich die Kaninchen nicht ins Freie graben können. Er wird an den Rändern mit feinmaschigem Draht verstärkt. Ein Teil des Auslaufs wird mit einem abnehmbaren Wetterschutz gegen starke Sonneneinstrahlung und Regen überdacht.

Seite 17:
Oben: Zu den mittelgroßen Normalhaarrassen zählt das Deutsche Großsilberkaninchen, hier mit schwarzer Grundfarbe.
Unten: Ein Rammler der Rasse Deutsche Riesen, grau, der größten deutschen Kaninchenrasse.

Seite 18:
Weiße Wiener (oben) und Rote Neuseeländer (unten), zwei anerkannte Wirtschaftsrassen, sind zur Mast sehr geeignet.

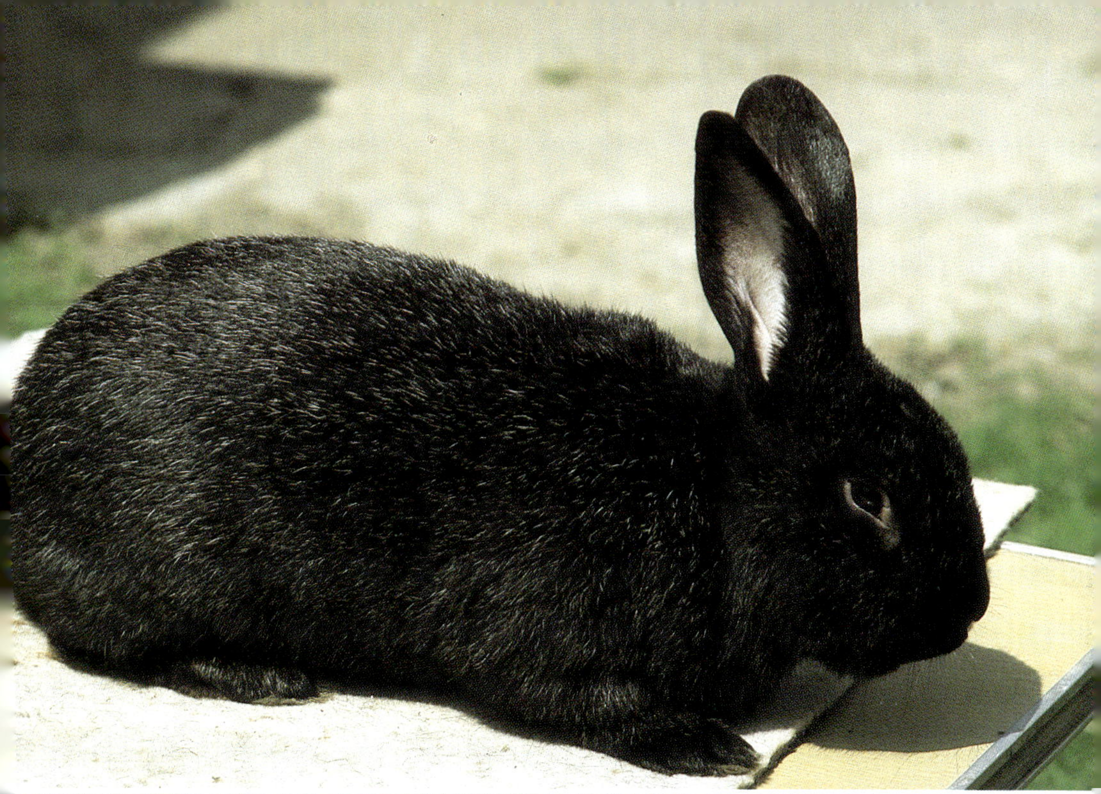
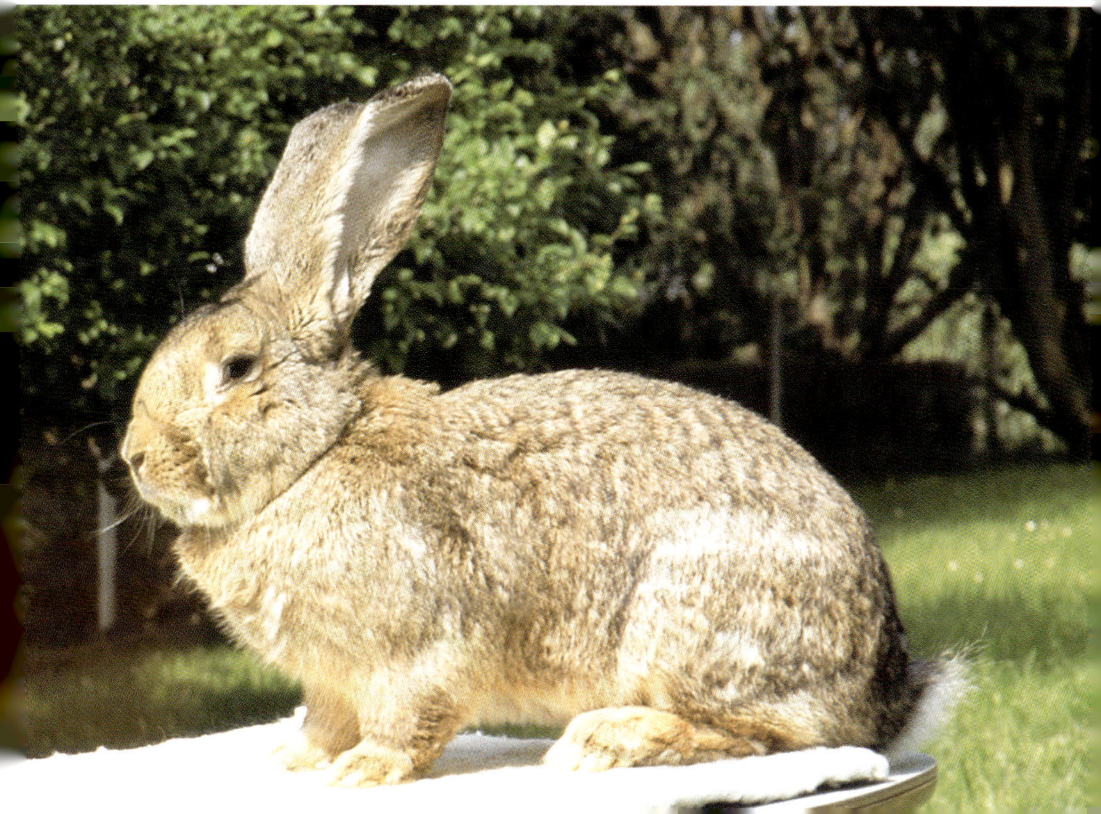

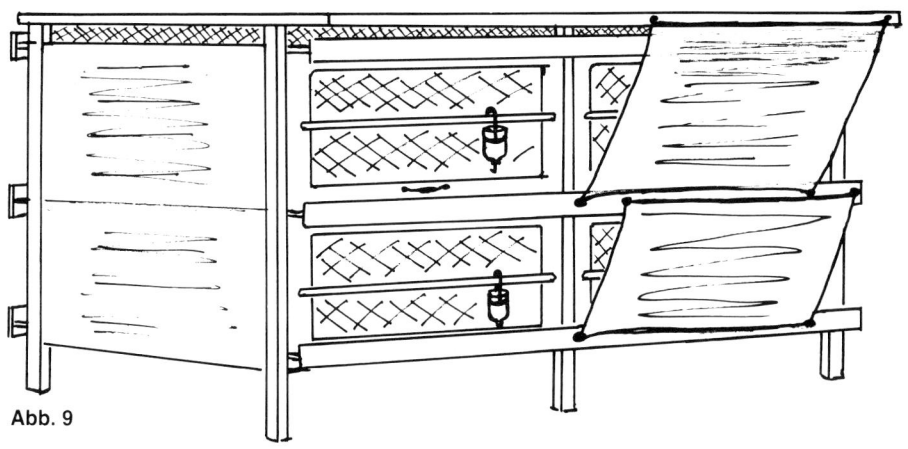

Abb. 9

Abb. 9 (oben): Kaninchenstall mit vier Abteilen, die rechte Hälfte mit vorgehängten Sonnensegeln.

Abb. 10 (unten): Kaninchenzuchtanlage mit Stallgang und Auslauf, Grundriß.

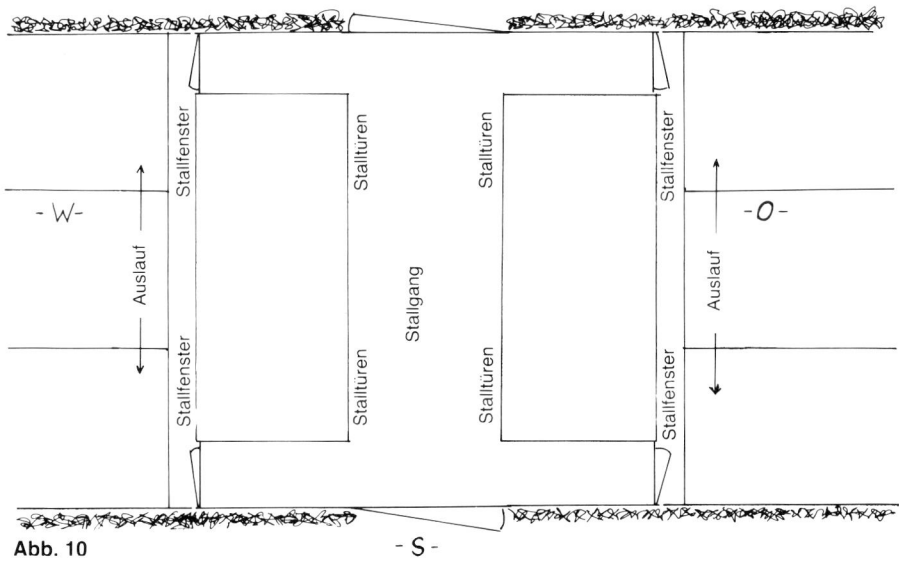

Abb. 10

-W-   -O-

Abb. 11 (oben): Frontansicht der Stallanlage aus Abb. 10: Die gesamte Anlage ist mit Kletterpflanzen und Hecken bewachsen.
A Pergolagerüst, **B** festes Wetterdach, **C** Fensterfronten der Ställe.

Abb. 12 (unten): Weideauslauf mit Unterstand: **A** abnehmbarer Wetterschutz, **B** Bodenfläche, mit grobem Maschendraht bespannt.

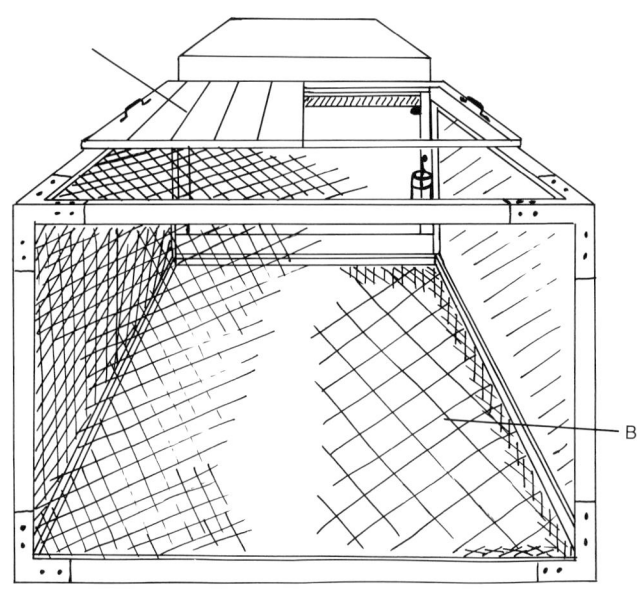

Die Fütterung

Wenn Sie Ihr Kaninchen als Hausgenossen halten, verfügen Sie möglicherweise über keinen großen Garten, in dem auch ein Teil des Kaninchenfutters angebaut werden könnte. Es gibt Fertigfutter in Zoohandlungen und landwirtschaftlichen Genossenschaften zu kaufen. Bei den Letztgenannten müssen Sie darauf achten, nicht das Mastfutter, sondern das Zucht- oder Erhaltungsfutter zu bekommen, sonst verfettet Ihr Zögling im Nu. Kaufen Sie nicht zu große Mengen, da durch die Lagerung wichtige Vitamine verlorengehen. Aber nicht nur wegen der dadurch anfallenden Kosten, sondern weil das Kaninchen ein Feinschmecker ist, der die Abwechslung liebt und als Dauerfresser auch eine ordentliche Portion Ballaststoffe braucht, sollten Sie überlegen, ob es nicht möglich ist, das Fertigfutter nur als »eiserne Ration« zu betrachten. Bei den folgenden Futterbeschaffungstips für diejenigen, die Kaninchen auch zur Schlachtung halten wollen, ist sicher eine Alternative zum Fertigfutter dabei.

In vielen Fällen wird es möglich sein, einen Bauern ausfindig zu machen, bei dem man je nach Lagerraum-Kapazität 1–2 Ballen Stroh und Heu kaufen kann. Viele Landwirte können Ihnen auch gleich noch preiswert Kleie, Hafer und Gerste in kleinen Mengen anbieten. Und wenn Sie schon dort sind, gibt man Ihnen auch sicher 1–2 Futterrüben mit. Möglicherweise gibt es auch Futterkartoffeln; das sind die kleinen Exemplare, die sonst kaum Abnehmer finden und gedämpft an Schweine und Geflügel zur Mast verfüttert werden. Wenn Sie sich mit »Ihrem« Bauern gut verstehen, hat er sicher auch nichts dagegen, wenn Sie ab und an im August, bevor der Mais ausgereift ist, einen frischen Maiskolben als Leckerbissen mitnehmen. In den landwirtschaftlichen Lagerhäusern der Raiffeisengenossenschaften (in Bayern auch die »BayWa«) erhalten Sie Gerste, Hafer, Futterhaferflocken, Rübenschnitzel und Rübenpellets (das sind zu kleinen Würstchen gepreßte Rübenschnitzel – ergiebiger, aber auch teurer), Sonnenblumenkerne und Futterkalk. Achtung beim Futterkalk, hier gibt es verschiedene Sorten und Packungsgrößen! Bei ausgewogenem, abwechslungsreichem Futter brauchen Sie den nur bei tragenden und säugenden Häsinnen und eventuell für die Jungtiere. Nur kleine Packungsgrößen (für Kleintierhaltung) nehmen wegen des Vitaminzerfalls bei längerer Lagerung!

Garten- und Küchenabfälle sind als Zusatzfutter ebenfalls sehr gut geeignet, wenn erstere nicht von Schädlingen oder Krankheiten befallen oder chemisch behandelt und letztere nicht verdorben oder gewürzt sind. Faulstellen bei Obst ausschneiden, Steinobst und Salat wegen der Blähgefahr nur in geringen Mengen und Fleisch überhaupt nicht verfüttern! Solche Garten- und Küchenabfälle sind sicher auch von den Nachbarn zu bekommen.

Einige Bäcker geben auch kostenlos oder doch zumindest sehr preiswert Altbrot ab. Mit diesem Futterangebot sind Sie, bzw. Ihr Kaninchen, erst einmal gut versorgt. Aber vielleicht finden Sie doch noch ein Plätzchen im Garten für Möhren und Kohl (von dem die ganze Familie profitieren wird), und ein paar Sonnenblumen können Sie sogar auf dem Balkon großziehen. Auch Kernobst im Garten ist eine feine Sache. Den Obstbaumschnitt geben Sie den Kaninchen als Knabberfutter, und das gesäuberte Fallobst wird immer gern gefressen. Nur, wie gesagt – Vorsicht mit Steinobst! Dessen Zweige dürfen wegen ihrer Giftigkeit für die Tiere nicht verfüttert werden. Doch die Zweige von Weiden, Linden, Hainbuche, Buche, Ahorn, Haselnuß, Fichten und Wacholder sind unbedenklich und schmecken den Tieren. Überlegen Sie einmal, ob Sie Ihren säuberlich geschorenen Rasen nicht in eine blühende Wiese verwandeln wollen. Erklären Sie im Gartenfachhandel oder auch wieder bei den landwirtschaftlichen Lagerhäusern, zu welchem Zweck Sie die Wiese anlegen wollen, und Sie bekommen die passende Samenmischung angeboten.

Wer auf Spaziergängen nebenbei etwas Futter pflücken möchte oder gleich mit Schubkarre und Sichel oder Sense in die freie Natur marschiert, muß an folgende Möglichkeiten denken: Das Gras entlang der Straßenränder ist nicht nur stark verschmutzt, sondern auch mit gefährlichen Schwermetallen »angereichert«, die erstens dem Tier nicht guttun und zweitens bei der Schlachtung über das Kaninchenfleisch in unseren Magen gelangen, um in den Nieren auf immer und ewig gespeichert zu werden. Auch das mittlerweile wieder üppig sprießende und, da nicht gedüngt, von zahlreichen Kräutern durchwachsene Gras an den Wegrändern landwirtschaftlich genutzter Flächen ist nur mit Vorsicht zu verwenden. Meist ist es stark verstaubt, mit Spritzmitteln beregnet und von Hunden markiert worden.

Wenn Sie mehrere Tiere mit Grünfutter und Heu versorgen müssen, aber nicht über genügend Wiese verfügen, versuchen Sie es doch einmal mit einer preiswerten Kleinanzeige im örtlichen Gemeindeblatt. Viele Gartenbesitzer sind erfreulicherweise schon davon überzeugt, daß eine Wiese nicht nur *ökologisch* sinnvoller ist als Rasen, sondern daß sie auch mehr fürs Auge bietet. Viele wissen aber nicht wohin mit dem zweimal im Jahr anfallenden Wiesenschnitt oder, im schlimmsten Fall, wie sie die für die meisten Rasenmäher zu hohe Wiese schneiden sollen. Sehen Sie sich aber vorher an, was auf der Wiese wächst. Sind für die Kaninchen zuwenig Kräuter oder zu viele Giftpflanzen darin enthalten, sollten Sie nach einer geeigneteren Wiese suchen. Wenige Giftpflanzen können mit der Hand ausgelesen werden. Für das Kaninchen giftige Pflanzen sind: Wasserschierling, gefleckter Schierling, Stechapfel, Bilsenkraut, Taxus, Eisenhut, roter Fingerhut, Herbstzeitlose, Hundspetersilie, Tollkirsche, schwarzer Nachtschatten, Goldregen, außerdem Bohnen- und Kartoffelkeime. Hahnenfußgewächse sind zwar für die Tiere ungiftig, werden aber nicht gefressen.

Saure Wiesen in sumpfigem Gelände sind oft schon am Rotschimmer des

Grases zu erkennen und eignen sich kaum zu Futterzwecken, da die Kaninchen gern süßes Gras und blattreiche Kräuter fressen. Trockene, kalk- bzw. überhaupt mineralstoffreiche Böden mit wenig Düngung sind dafür eine gute Voraussetzung.

Eine weitere Möglichkeit, um zu Grünfutter und selbstgemachtem Heu zu kommen, bieten alte Obstbaumbestände. Hier wird häufig nicht mehr gedüngt, gespritzt und auch meist nicht mehr gemäht, da es den Besitzern zu mühsam ist, mit der Sense ans Werk zu gehen. Für den Mähbalken des Traktors stehen die Bäume jedoch oft zu eng beieinander. Hier können Sie vielleicht gleich noch zu preiswertem Obst und im Herbst, Winter und zeitigen Frühjahr zu Obstbaumschnitt als Knabberzweigen kommen.

Wer mehr als nur ein paar Tiere hält oder sich mit einigen Kaninchenzüchtern zusammentut, findet oder hat sogar schon ein Stück Land, auf dem je nach Bodenart und Klimaverhältnissen Kaninchenfutter im «großen Stil» angebaut werden kann. Besonders geeignet sind Futterraps, Rüben, Klee, Luzerne, Markstammkohl, Sonnenblumen, Süßlupinen, Mais, Hafer, Futterroggen, Rüben, Topinambur, Kartoffeln sowie verschiedene Kohlarten und Möhren, auch für die Familie. Über das »Wie?« gibt die Tabelle S. 24/25 einen Überblick.

Zur besseren Übersicht hier eine tabellarische Aufstellung der in Frage kommenden Futtermittel:

Haushaltsabfälle: Brot, trocken und unverschimmelt, Kartoffelschalen, abgewaschen, roh oder gedämpft, nicht gekocht – sonst gehen zu viele Vitamine verloren –, ohne die weißen Keime und grünen Schalen – sie enthalten das giftige Solanin –, Gemüse- und Obstreste, sauber, Faulstellen ausgeschnitten, auch das Möhrenkraut und Würzkräuter verfüttern. Salat nur in kleinen Mengen! Keine Fleisch- und Knochenreste!

Gartenabfälle: Gemüse und Obst ohne Krankheitsbefall, Dahlienlaub, Heidekraut (Erika), Erdbeerranken, Sojabohnen- und Erbsengrün ohne die Früchte, nichts Verwelktes, gesunder Gehölzschnitt, kein Steinobst und nicht dessen Zweige, alle Gartenunkräuter, Kohlrabiblätter, Strünke von Rosenkohl usw.

Wiese: Frisches Grün, möglichst krautreich und auf keinen Fall angewelkt oder feuchtwarm, Löwenzahn (gut für die Milchbildung), alle Unkräuter (außer Giftpflanzen, s. S. 22 f.). Vorsicht im Frühjahr bei der Futterumstellung! Langsam Grünfutter zum bisherigen Futter dazugeben, noch vorsichtiger Klee füttern, ihn nur mit anderem Futter gemischt reichen. Nasses Gras ausschließlich ganz frisch geschnitten und in kleinen Mengen beginnend verfüttern. In all diesen Fällen droht sonst Blähgefahr!

Heu: Erst 6 Wochen nach der Heuernte mit der Verfütterung beginnen, da es in diesen ersten Wochen noch schwitzt (Blähgefahr). Kein verschimmeltes oder nach der Trocknung feucht gewordenes Heu verfüttern. Heu kann ganzjährig unbegrenzt verfüttert werden.

Brennessel: Entweder ganz jung oder zu Heu getrocknet verfüttern (hochwertiger Eiweißlieferant!). Zu alte Pflanzen, auch frisch verfüttert, werden nicht mehr angenommen, da sie zu stark »brennen«.

Fütterung

Hinweise zum Futteranbau

Sorte	Klima	Boden	B.-Vorbereitung	Düngung	Aussaatzeit
Futterraps	–	–	grubbern/eggen	Stallmist	2. Hälfte Aug.
Futterrüben	–	–	grubbern/eggen	Stallmist	1. Hälfte Sept.
Wickroggen	–	leicht	grubbern/eggen	Stallmist	Ende Aug. bis Mitte Sept.
Landsberger Gemenge	–	–	grubbern/eggen	Stallmist	Ende Aug. bis Mitte Sept.
Luzerne	trok-ken	Kalk	grubbern/eggen	Stallmist	Ende April
gelbfleisch. Steckrüben u. Futterzucker-rüben	–	gelockert, öfter hacken, mulchen	grubbern/eggen	Stallmist	Ende April
Topinambur *– Knolle* *– Laub*	–	–	grubbern/eggen	Stallmist wenn möglich	Frühjahr oder Herbst
Sonnenblume	–	–	grubbern/eggen	Stallmist	bis Juli
grüner Mark-stammkohl (blauer M. hat weniger Blatt-masse)	–	mulchen!	grubbern/eggen	viel Dünger, da Starkzehrer	Ende April in 14 tägig. Abstand

Fütterung

Reihenabstand	Tiefe	Ernte	Erntemenge auf 100 m^2	Besonderheiten
30–40 cm	flach	Mitte April	1,8 dz	
20–25 cm	flach	Mitte Mai		vor der Blüte Grünfutter, danach Gär- bzw. Silofutter
keine Reihen	eineggen	Juni, vor der Reife der Wicken	2,0 dz	nach der W.-Reife Silofutter Saatgemisch für 100 m^2: 0,75 kg Zottelwicke, 1,0 kg Roggen (auch Weizen) winterfest
keine Reihen	eineggen	Anf. Mai	2,0 dz	Gemisch: 0,5 kg Winterwicke 0,2 kg Inkarnatklee 0,2 kg Welsches Weidelgras ergibt Grünfutter und Heu
keine Reihen	eineggen		4,0 dz Grünfutter	mehrere Schnitte pro Jahr, tiefe Wurzeln lockern Boden, Heu aufreutern
ca. 25 cm vereinzeln Mai bis Juni, in der Reihe 40 cm	2–3 cm	Ende Okt.	3,0 dz	können eingemietet werden bis Mai, Blätter = Silofutter
50 cm 30 cm in der Reihe 30 cm Reihenabstand	8 cm	ganzjährig		Knolle völlig winterhart, bleibt bis Frühjahr im Boden
25 cm	3–4 Körner in 3–4 cm Tiefe	für Silofutter zu Beginn der Blüte	4,0 dz	Kraut = Grün- und Silofutter kleine Triebe abschneiden, nicht ausreißen, ergibt Grünfutter
50 cm in der Reihe 30 cm vereinzeln und verfüttern	nicht zu tief	ab Ende Mai	4,0 dz	in milden Wintern Ernte bis Dez., Strünke bis Frühjahr einmieten, erst untere Blätter, dann Spitzen verfüttern

Fütterung

Stroh: Wird bei guter Qualität gern gefressen, man kann auch das Heu damit strecken.

Hafer: Als ganze Körner, gequetscht oder als Futterhaferflocken (besonders für Jungtiere), hochwertiges Kraftfutter.

Gerste: Als Körnerfutter zusammen mit Hafer.

Kleie: Ist die Außenhaut des Getreides, gutes Ballast- und Diätfutter, wird am besten mit körperwarmem Wasser, Milch oder anderem Naßfutter zu dickem Brei gemischt verfüttert.

Mais: Noch weiche Kolben und frische Stengel sind eine Delikatesse, ebenso wie → Möhren.

Möhren: Das Kraut mitverfüttern, wichtig als Zusatzfutter während des Fellwechsels (1. Fellwechsel mit ca. 8 Wochen).

Rüben: In kartoffelgroße Stücke zerteilen oder raspeln. Da Rüben gut lagerfähig sind – beliebtes Saftfutter im Winter.

Rübenschnitzel oder -pellets: Getrocknete Zuckerrübenschnitzel, auch zu kleinen Würsten gepreßt, können trocken oder vorgeweicht verfüttert werden.

Kartoffeln: Schale oder ganze Kartoffel, siehe Haushaltsabfälle.

Topinambur: Hochwertiges Futter! Knollen und Kraut auch bei Regen gut zu verfüttern, da Wasser schnell von den Pflanzen abläuft. Die Knolle bleibt den Winter über im Boden und wird nur nach Bedarf geerntet, da sie sonst schnell weich wird. Gut für den Hausgarten geeignet, da sie sonnenblumenähnliche kleine Blüten entwickelt.

Beinwell (Comfrey): Hochwertiges Eiweißfutter, leicht in großem Stil anzubauen. Zum Trocknen für den Wintervorrat an luftiger Stelle im Schatten aufhängen. Wird sehr gern gefressen, besonders getrocknet, wenn die rauhhaarigen Blätter mürbe geworden sind.

Äpfel: Sehr beliebt und gesund.

Kohl: Alle Sorten (Rot-, Weiß- und Wirsingkohl vorsichtig dosieren).

Sonnenblumen: Kraut und Kerne, Wasser läuft gut an der Pflanze ab, also auch gut bei Regen zu verfüttern.

Futterraps: Bietet schon ab Mitte April beliebtes Grünfutter.

Futterrüben: Grünfutter ab Mitte Mai.

Mischfutter: 1. »Landsberger Gemenge« enthält Wicke, Klee und Weidelgras, guter Eiweißgehalt.
2. Roggen und Weizen mit Wicken – guter Eiweißgehalt.

Gärfutter (Silofutter): Wird nach dem Prinzip der milchsauren Gärung, also wie beim altbekannten Sauerkraut, hergestellt. Geeignet ist alles frisch geerntete Grünfutter, Mais und unreifes Getreide. Wenn ein Futterüberschuß im Herbst entsteht, kann er so für die futterarme Jahreszeit konserviert werden.
Am besten eignet sich ein Kunststofffaß, das evtl. bis zum Rand in den Boden eingelassen wird. Wichtig: reichliches Stampfen, damit keine Lufteinschlüsse zurückbleiben, sehr gut abdecken. Nach vier Wochen kann mit der Verfütterung begonnen werden. Gutes Gärfutter riecht mild sauer, verdorbenes hat einen stechenden Geruch und sollte nicht mehr verfüttert werden. Die Tiere müssen sich aber an dieses Futter erst gewöhnen.

Futterzusätze:

Futterkalk: In landwirtschaftlichen Genossenschaften erhältlich, speziell für Kleintiere, wichtig für den Knochenbau. Bei säugenden Häsinnen und Jungtieren in geringen Mengen dem Futter beifügen.

Futterhefe: Ist ebenfalls bei den landwirtschaftlichen Genossenschaften erhältlich und kann dem täglichen Futter in geringen Mengen zugesetzt werden. Es steigert die Abwehrkräfte und wirkt durch Vitamine, Mineralsalze und hohen Eiweißgehalt leistungssteigernd; verbessert die Fellqualität.

Die Auswahl für den täglichen Futterbedarf der Kaninchen ist also recht groß und verwirrt anfangs. Als Hilfe zur Zusammenstellung eines nährstoffreichen Futters nun ein Überblick über den Eiweißgehalt einiger Pflanzen. Beachtlich ist dabei die Qualität der vielgeschmähten »Unkräuter«:

Über das »*Wie*« und »*Wieviel*« des Fütterns:

Bei allem Eiweißfutter muß bedacht werden, daß ein Zuviel eine Eiweißvergiftung verursachen kann und daß zu schnell mit Eiweiß »getriebenes« Fleisch nicht gleichzeitig hohe Qualität ergibt. Tiere, die zur Zucht oder als Haustiere gehalten werden, brauchen überdies wenig »Kraftfutter«. Das Ballastfutter darf über dem Eiweißgehalt nicht vernachlässigt werden.

Wichtig ist gutes Heu, gute Einstreu, nach der Umgewöhnung im Frühjahr viel Grünfutter. Alles andere sind Zusatzfuttermittel, die zur Bereicherung des Speiseplans und bei extremer Belastung (säugende Häsin, Jungtiere, Fell-

Eiweiß in %:			
Luzerne und Süßlupine	9,9	Topinambur	1,8
Sauerampferblätter	4,3	Wegerich	1,8
Schafgarbe	3,3	Markstammkohl	1,8
Ackermelde	2,9	Futterraps	1,8
Brennessel	2,6	Futterroggen	1,6
Kartoffel	2,3	Quecke	1,6
Löwenzahn	2,1	Vogelmiere	1,1
Landsberger Gemenge	2,1	Steckrübenkraut	0,9
Wickroggen	2,1	Sonnenblumenkraut	0,8
Ackerdistel	2,0		

Der Eiweißgehalt verschiedener Heuarten in %:	
Gutes Brennesselheu	12,8
Luzerneheu	9,9
gutes Wiesenheu	7,9
(je nach Boden und Klima sehr unterschiedlich)	
Kleeheu	7,8
Haferstroh	0,7

wechsel, permanent zum Decken eingesetzte Rammler) zugefüttert werden.

Zu fette Kaninchen werden auf Schmalkost gesetzt (Heu und Grünfutter) und bekommen, wenn irgend möglich, Auslauf. Wenn Sie befürchten, zuwenig zu füttern, kann Ihnen folgende Faustregel weiterhelfen: Ist bei zweimaliger Fütterung pro Tag, also morgens und abends, noch Futter im Napf zurückgeblieben, dann war das zuviel. Also Futterration entsprechend senken. Sind die Näpfe leer, die Futterration vorsichtig erhöhen, bis noch etwas im Napf zurückbleibt. Dann können Sie wieder reduzieren, bis Sie das individuell richtige Maß für Ihre Tiere gefunden haben. Schließlich hängt die Futtermenge immer von der jeweiligen Belastung eines Tieres und der schwankenden Futterqualität ab.

Ebenso verhält es sich mit der *Kaninchentränke*. In freier Wildbahn lebende Tiere gehen höchstwahrscheinlich nicht zur Tränke. Ihnen genügt der Tau auf der Wiese und der Wassergehalt der Pflanzen. Darum wurde bis vor wenigen Jahren das Tränken sogar als schädlich angesehen. Gleichzeitig warnte man auch eindringlich vor der Verfütterung taufeuchten oder gar regennassen Futters, da es zu Blähungen mit tödlichem Ausgang führen könne. Dabei muß folgendes bedacht werden:

1. Das Kaninchen im Stall hat keine Möglichkeit, Tau aufzulecken.
2. Im Sommer wird die kühlende Erdhöhle des Wildkaninchens durch einen meist wenig Hitze abweisenden Stall beim Hauskaninchen ersetzt. Also erhöhter Flüssigkeitsbedarf beim Hauskaninchen.
3. Das Stallkaninchen ist abhängig von dem Futter, das wir ihm reichen. Je mehr Grünfutter, um so geringer ist der zusätzliche Wasserbedarf.
4. Eine säugende Häsin hat folgenden Flüssigkeitsbedarf:
   ca. 1 Liter täglich bei einem bis zu 3 Wochen alten, ca. achtköpfigen Wurf, ca. 2 Liter täglich vom Ende der 3. Woche bis zur 6. Woche.

Auch kurz vor dem Wurf kann mit einem täglichen Wasserbedarf von 1 Liter gerechnet werden. Ansonsten braucht ein ausgewachsenes Kaninchen ca. ¼ l täglich. Eine dicke Mohrrübe deckt diese Menge in etwa.

5. Nur nasses Futter, das *nicht* frisch geschnitten gereicht wird, kann durch seine bei der Lagerung entstehende Gärung gefährlich werden.

Da das Kaninchen immer nur kleine Mengen auf einmal frißt, darf also auch nur ganz wenig taunasses oder beregnetes Futter geschnitten und gefüttert werden. Bereiftes Futter kann allerdings gefährlich werden. Sinnvoll ist es auf jeden Fall, vorher immer etwas Heu zu verfüttern. Vorsicht bei Jungtieren!

Wir können jedenfalls getrost davon ausgehen, daß – vorausgesetzt, es steht ausreichend gutes Futter zur Verfügung – die Tiere selbst am besten wissen, wann sie zusätzliches Wasser brauchen. Mir ist kein Fall bekannt, in dem eine sachgemäße Tränke zu Schäden geführt hätte.

Die Kaninchen sollten also im Sommer immer frisches, sauberes Wasser zur freien Aufnahme zur Verfügung haben. Im Winter empfiehlt es sich bei Außenstallhaltung, reichlich Rüben, Möhren, Obst oder kleine Mengen Weichfutter (in Wasser eingeweichte Trockenrübenschnitzel und/oder Kleie) zu füttern, die aufgefressen werden können, bevor sie einfrieren. Im Zweifelsfall morgens eine Schale Wasser eine Viertelstunde in den Käfig stellen. In dieser Zeit kann das Kaninchen genügend Wasser für den Tag aufnehmen. Danach muß die Schale wieder entfernt werden.

Damit das Trinkwasser nicht verschmutzt und die Einstreu feucht wird, sollten als permanente Tränke keine offenen Schalen, sondern die überall im Fachhandel erhältlichen sogenannten Nippeltränken verwendet werden (Abb. 13). Nach meinen Erfahrungen ist eine Glasflasche leichter zu reinigen (Algenreste mit heißem Wasser + Flaschenbürste – ohne Spülmittel – entfernen; Kalkreste lösen sich, wenn dem Wasser etwas Essig zugesetzt wird – kurze Zeit stehen lassen, dann gut spülen). Eine dazugehörende Saugröhre aus Metall ist zwar in der Anschaffung teurer als ein Glasröhrchen, aber dafür zerbricht sie auch nicht und mangels Lichteinfall bilden sich auch kaum Algen.

Abb. 13: Nippeltränke aus Glas mit metallenem Saugnippel.

Heu und Grünfutter werden in dafür vorgesehenen Raufen verfüttert (Abb. 14a, b). Niemals das Futter lose in den Stall legen! Es wird sonst schnell beschmutzt und zertreten. So verdorbenes Futter ist eine enorme Verschwendung und – wenn es doch gefressen werden sollte – eine Gefahr für die Gesundheit der Tiere. Zusatzfutter gehört in eine glasierte Tonschale (Abb. 15). Besonders praktisch sind rechteckige Formen, da sie wenig Stallraum beanspruchen. Plastikschüsseln sind ungeeignet, da sie leicht umgeworfen und angeknabbert werden. Die scharfen Plastikspäne können dem Kaninchen sehr gefährlich werden. Selbstverständlich müssen alle Futterbehälter immer ordentlich gesäubert werden. Im Napf verbliebene, angesäuerte Reste verderben das Futter. Besonders sorgsam muß alles Breifutter entfernt werden, das länger als eine Stunde im Napf verblieben ist, da es bei sommerlichen Temperaturen sofort in Gärung übergeht. Viele Darmkrankheiten haben in unsauberer Fütterung ihren Ursprung! Auf jeden Fall nie nur Kartoffeln, nur Rüben, nur Löwenzahn, nur Kohl usw. verfüttern. Am besten ist die Zusammenstellung möglichst vieler verschiedener Pflanzen, Gemüse oder Obstsorten, sonst ist Fehlernährung die häufige Folge. Wichtig ist auch, daß Sie zu den immer gleichen Uhrzeiten füttern. Ausgewachsene Tiere erhalten morgens und abends, Jungtiere 3- bis 4mal Futter pro Tag.

Um die Qual der Wahl bei der Futterzusammenstellung etwas zu erleichtern, folgen nun ein paar »Menü«-Vorschläge für ausgewachsene Tiere großer Rassen oder für stark beanspruchte mittelgroße Tiere. Zwergkaninchen und Tiere, die keinen Auslauf haben, erhalten entsprechend weniger. Auf keinen Fall dürfen die Tiere verfetten oder abmagern. Nie darf das Rauhfutter (Heu, Stroh) zur freien Aufnahme über den ganzen Tag

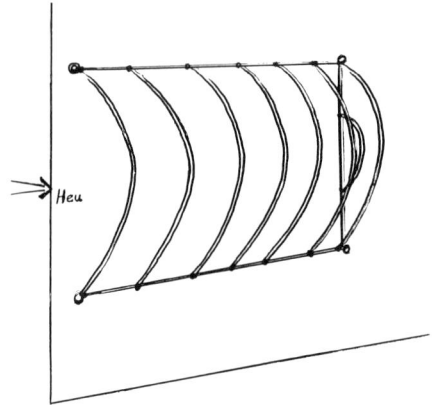
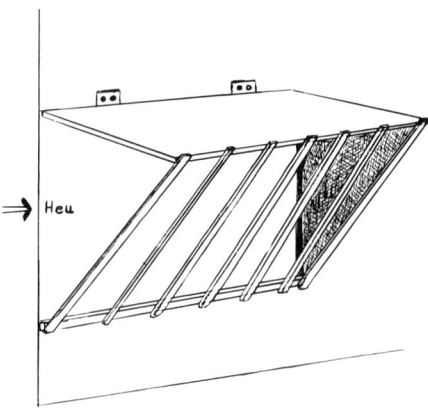

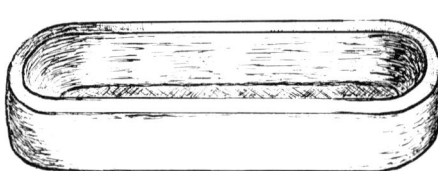

Abb. 14: Handelsübliche Heuraufe aus Draht (links) und selbstgebaute Heuraufe aus Holzleisten (rechts). Der hochklappbare Deckel wird von den Kaninchen als Ruhebank benützt.

Abb. 15: Futternapf aus glasiertem Ton.

und die Nacht vergessen werden, sonst entstehen leicht Verdauungsstörungen. Jungtiere erhalten über 3–4 Mahlzeiten hinweg soviel, wie sie innerhalb der dazwischenliegenden Zeiten »verdrücken« können. Bei Jungtieren Vorsicht mit Salat, Weiß-, Rot- und Wirsingkohl, nassem oder bereiftem Grünfutter, Rotklee und Futterrüben!

Sommer

100 g Heu mit (Hafer-)Stroh gemischt zur freien Aufnahme. Die Wassertränke nicht vergessen!
Dazu:
A) morgens: 2 Hände voll frisches Grünfutter (wenn stark bereift, tau- oder regennaß, zuerst Heu füttern).
abends: 1 große Möhre oder anderes Gemüse je nach Jahreszeit.
1 Handvoll Hafer (bei trächtigen oder säugenden Häsinnen, im Fellwechsel und bei Jungtieren), eventuell eine Prise Futterkalk und Hefeflocken untermischen. Bei Jungtieren statt Haferkörnern Haferflocken verfüttern.
B) morgens: 2 Hände voll frisches Grünfutter (s. o.).
abends: 2 Hände Grünfutter (s. o.) und Knabberzweige oder trockenes Brot.
C) morgens: frisch gemähte, junge Brennesseln, soviel wie eine Hand greifen kann, und Gartenunkräuter.

abends: 1 Apfel oder entsprechende Menge Obst je nach Jahreszeit und 1 Handvoll Gerste und Weizenkörner gemischt, evtl. mit Futterkalk und/oder Haferflocken vermischen.

D) bei schlechtem Wetter:

morgens: Obst und Gemüse je nach Jahreszeit (z. B. 1 Apfel und 1 Möhre) und eine Handvoll Weizenkleie, in Wasser oder verdünnter Milch dick angerührt (evtl. mit Futterkalk und/oder Hefeflocken vermischen).

abends: 1 Handvoll Hafer (Jungtiere: Haferflocken) und frische Küchenabfälle.

Winter

100 g Heu (evtl. mit etwas Haferstroh vermischt) zur freien Aufnahme. Das ergibt übrigens über das Jahr etwa 36 kg Heu pro Tier.
Dazu:
A) morgens: 1 Handvoll eingeweichte Trockenschnitzel mit Kleie und evtl. Futterkalk und/oder Hefeflocken vermischt, Knabberzweige.

abends: 1 Handvoll Hafer (Jungtiere: Haferflocken), 1 große Möhre.

B) morgens: gedämpfte Kartoffelschalen und/oder ganze Kartoffeln mit Kleie und evtl. Futterkalk und/oder Hefeflocken.

abends: 1 Stück trockenes Brot, 1 Apfel, 1 Eßlöffel Hafer (bzw. Haferflocken).

C) morgens: 1 Handvoll Silofutter, evtl. mit Futterkalk und/oder Hefeflocken vermischt, Knabberzweige oder Brot.

abends: 1 apfelgroßes Stück Futterrübe (Jungtiere lieber Rosenkohl o. ä.), 1 EL Hafer, 1 EL Gerste (für Jungtiere schroten).

D) morgens: $1/2$ Handvoll geweichte Rübenschnitzel, 1 Handvoll Weizenkeime oder Senfsaat (wächst im Blumentopf) mit $1/2$ Handvoll Gersten- oder Haferschrot vermischt.

abends: 1 Topinamburknolle, frische Küchenabfälle, 2 Teelöffel Sonnenblumenkerne.

Anleitung zum Mähen, Heumachen und zum Futterbau

Wer keine Gartenmähmaschine mit kleinem Mähbalken oder einen Super-Rasenmäher zur Verfügung hat, wird sich zum Grünfutterschneiden und Heumachen mit der Sense oder zumindest der Sichel vertraut machen müssen. Das ist halb so schwer, wie man glaubt, wenn auch etwas schwerer, als es aussieht. Sensen gibt es mittlerweile wieder überall zu kaufen, wo es Gartengeräte gibt. Sensenstiel und Sensenblatt werden getrennt angeboten. Der Stiel aus Aluminium ist leichter als der aus Holz und hat eine körpergerechte, geschwungene Form. Früher gab es auch geschwungene Holzstiele, doch die Zeiten sind vorbei. Die Holzgriffe des Stieles sind verstellbar und müssen den Körperproportionen angeglichen werden. Die linke Hand faßt den äußeren Griff, die rechte den inneren. Dabei müssen die Arme leicht vom Körper abgespreizt werden. So entsteht eine Schräge, wobei das Sensenblatt auf dem Boden ruht. Sensenblätter gibt es verschiedene: Für Gestrüpp und hohes Gras empfiehlt sich das Hausensenblatt, das breit und kurz geschmiedet ist. Im »Normalfall«

wird das lange, schmale Sensenblatt verwendet. Kaufen Sie keine billige Qualität. Guter Stahl bleibt länger scharf und muß nicht so oft gewetzt werden, dengeln ist auch nicht nötig. Ein gutes Sensenblatt ist heute aus extrem hartem Stahl, dem kleinere Steine kaum etwas anhaben. Ihn zu dengeln – also Scharten auszuhämmern – dürfte kaum möglich sein, eben weil dieser Stahl so hart ist. Ich habe in langjähriger Sensenarbeit das Blatt noch nie gedengelt, und es hat trotz zahlreicher Anfängerhiebe ins Erdreich und gegen Steine noch nicht die Form verloren. Minderwertiger Stahl ist dagegen »weich« und muß gedengelt werden, wozu ich aber keinem Anfänger raten möchte. Ein Wetzstein gehört zur Ausrüstung. Die dazugehörigen Wasserbehälter, die man früher mitsamt dem Wetzstein am Gürtel trug, sind leider kaum noch erhältlich. Also nehmen Sie eine hohe Blechdose oder ein altes Einmachglas, füllen es mit Wasser und stellen den Wetzstein hinein. Gefäß und Wetzstein müssen bei der Sensenarbeit ständig griffbereit sein. Weiter sollten Sie an bequeme Kleidung, *feste* Schuhe und an Arbeitshandschuhe denken (kein Synthetik, das »schwitzt«).

Die Sichel ist etwas für kleine Grünflächen, auf denen die Arbeit mit der sperrigen Sense nicht möglich ist. Auch hier gibt es verschiedene Formen und Qualitäten. Sparen Sie nicht an der Qualität, die Form ist Gefühlssache. Wenn Sie also im Besitz all dieser Dinge sind und sich über Ihre Wiese hermachen wollen, beginnen Sie nicht in der größten Sonnenglut, wenn das Gras ausgetrocknet und darum schwer zu mähen ist. Auch hänselnde Zuschauer wirken für den An-

fang nicht besonders motivierend. Versuchen Sie auch nicht, gleich den ganzen Jahresbedarf zu mähen; 20 m² sind für den Anfang reichlich. Und ziehen Sie die Arbeitshandschuhe an, *bevor* sich Blasen an den Händen zeigen. Kinder und Tiere haben in Ihrem Wirkungskreis nichts verloren! Schön wäre es, wenn Sie sich anfangs an einem Brennesselfeld versuchen könnten, da sich diese Pflanzen wunderbar leicht sensen lassen.

Die Bewegungen müssen locker aus der Taille und Hüfte schwingen – nicht schlagen. Sie zeichnen dabei einen etwa halbkreisförmigen Bogen mit dem Blatt dicht über dem Boden. Je dichter das ganze Sensenblatt über die Bodenoberfläche gleitet, desto kürzer und gleichmäßiger wird der Schnitt. Aber lassen Sie sich gerade am Anfang von den vielen »Inseln« nicht entmutigen, die auftauchen, wenn das Gras zur Seite gerecht ist. Da wird eben noch einmal drübergemäht. Beginnen Sie an einer Außenkante vorwärtslaufend und fräsen sich so im Schneckenhausmuster von außen nach innen. Ein geübter Schnitter legt Reihe für Reihe die Mahd so um, daß auf der gerade freigelegten Fläche die nächste Reihe zu liegen kommt, aber das sind schon die »höheren Weihen«.

Um zu überprüfen, ob das Sensenblatt noch scharf genug ist, gleiten Sie nach jeweils ein paar Metern Sensenarbeit mit dem Daumen quer über die Schnittkante des Stahls. Das ergibt einen kratzenden Ton, der um so dunkler wird, je stumpfer der Stahl ist (was Sie natürlich auch an der Fingerkuppe spüren). Den gleichen Test machen Sie, nachdem Sie mit dem gut wasserbenetzten Wetzstein

Abb. 16: Heinze zur Heutrocknung.

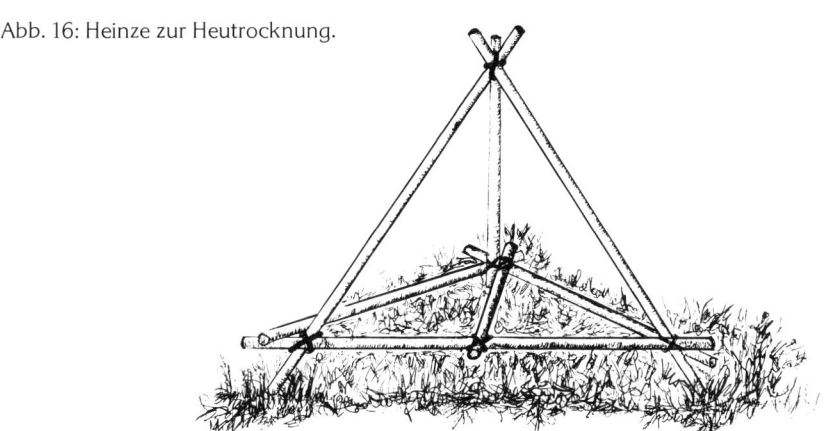

fast parallel, also nicht verkantet, den Stahl gewetzt haben. So können Sie feststellen, ob auch die Spitze und das breite Ende des Blattes scharf sind, die vielleicht am Anfang etwas zu kurz kommen.

Beim Wetzen brauchen Sie keine akrobatischen Kunststücke zu vollführen. Es genügt, wenn Sie erst die eine, dann die andere Seite (im gleichen Neigungswinkel!) des Blattes bearbeiten, d.h. den Stein leicht schräg von oben nach unten über das Blatt ziehen. Dabei halten Sie die Sense (wenn Sie Rechtshänder sind) vertikal mit dem Griff auf den Boden gestützt. Den linken Unterarm legen Sie der Länge nach auf das Blatt und beginnen am besten an der Breitseite, von wo aus Sie langsam bis zur Spitze wetzen. Danach kommt die Rückseite dran, ebenfalls von der Breitseite bis zur Spitze hin.

Wenn Sie frisches Grünfutter schneiden, warten Sie am Morgen, bis der Tau etwas verdunstet ist, oder Sie mähen am Abend, bevor die Sonne untergeht. Um Heu zu machen, ist es ratsam, am frühen Morgen bei gut nassem Gras zu schneiden. Erstens ist die Arbeit dann nicht zu schweißtreibend, und zweitens läßt sich nasses Gras sehr viel leichter mähen als trockenes.

Wegen des hohen Eiweißgehaltes junger Pflanzen ist es optimal, wenn der Schnitt kurz vor der Blüte gemacht wird. Aus ökologischer Sicht (Bienen, Samenreife der bestandsbildenden Pflanzen usw.) sollte allerdings frühestens kurz nach Beginn der Blüte gemäht werden, je später, um so besser. Allerdings nimmt dann auch die Futterqualität ab, und die Stengel verholzen. Da aber immer noch das Wetter die entscheidende Rolle beim Heumachen spielt, werden Sie möglicherweise ohnedies zu verschiedenen Zeiten mähen und sollten dann die verschiedenen Heuqualitäten miteinander vermischen.

Das Gras ist also geschnitten, und Sonne und Wind geben ihr Bestes, um das

Abb. 17: Schwedenreuter, mit Draht bespannt.

Gras zu Heu zu trocknen. Jetzt können Sie ab und zu mit der Heugabel das Gras wenden – oder Sie haben sich Kant- oder Rundhölzer besorgt, die Sie entweder zu Pyramiden (Heinzen) aufstellen (mit einer Querverbindung im unteren Drittel), oder Sie haben sich einen Schwedenreuter gebastelt (siehe Abb. 17). Beide haben den Vorteil, daß das Heu nach beendeter Trocknung auf diesen Gestellen weniger Eiweiß und zarte Pflanzenteile verloren hat. Bei Bodentrocknung müssen Sie mit 40–50 % Eiweißverlust rechnen. Weitere Vorteile dieser Hilfsmittel sind folgende: Nach

Abb. 18: Schwedenreuter mit Querstangen.

der einmaligen Arbeit, diese Geräte zu bauen, fällt das ständige Heuwenden am Tag und das allabendliche Zusammenrechen in dichte Reihen weg (so wird eine möglichst kleine Menge angetrocknetes Gras dem Abend- und Morgentau ausgesetzt). Ein weiterer Vorteil ist, daß bei schlechtem Wetter wenig verderben kann.

Seite 35:
Deutsche Kleinwidder (oben) und Lohkaninchen (unten) gehören zu den kleinen Normalhaarrassen.

Seite 36:
Rote Farbenzwerge (oben) und Hermelin-Rotaugen sind als Zwergkaninchen mehr für Hobbyzüchter als für Selbstversorger geeignet.

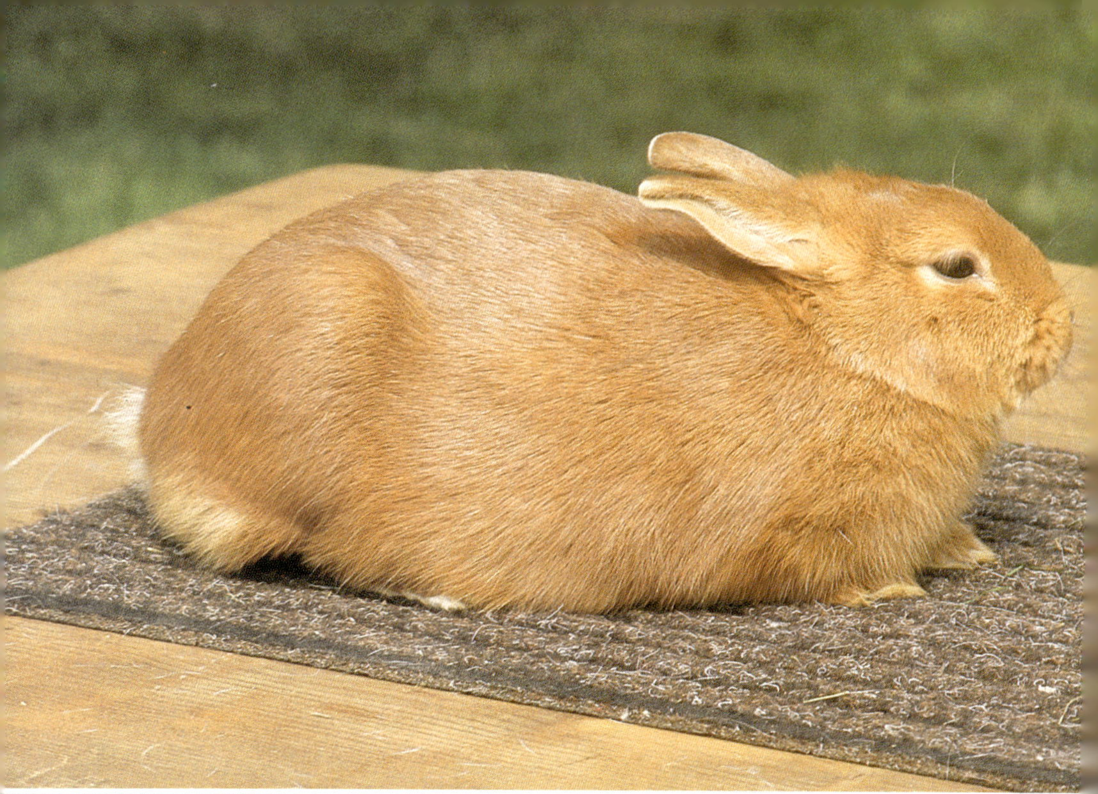
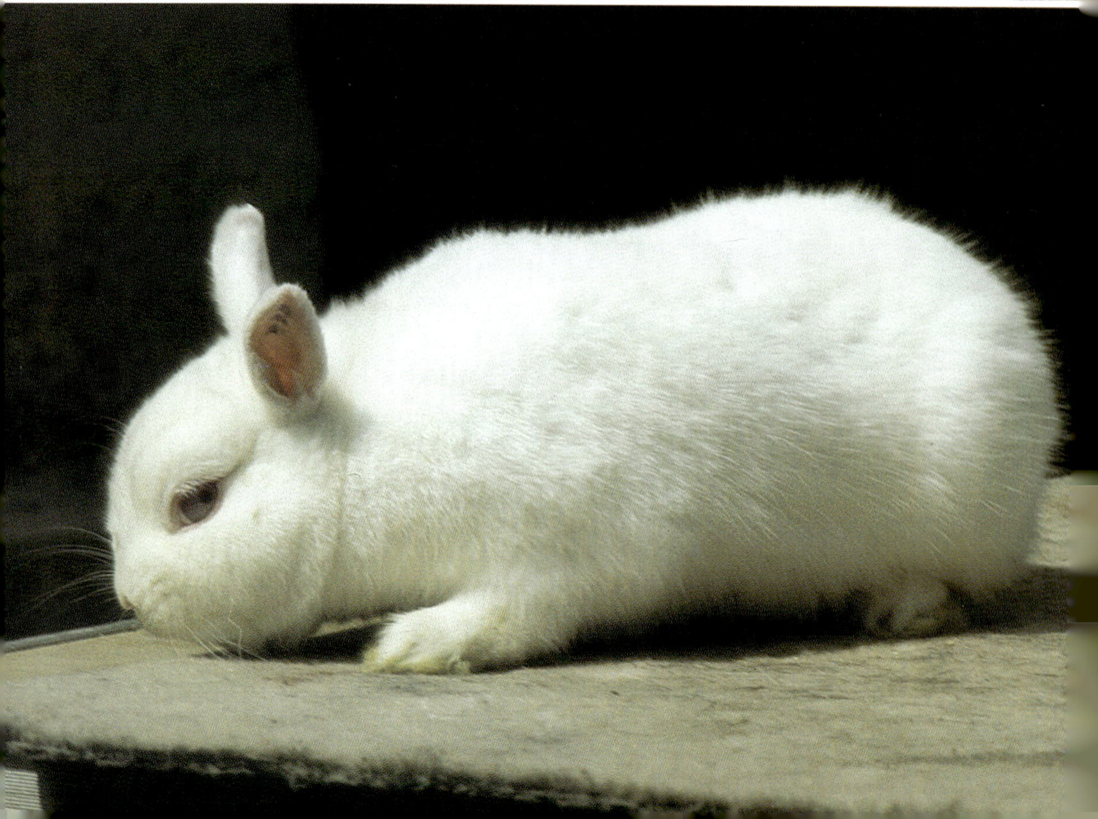

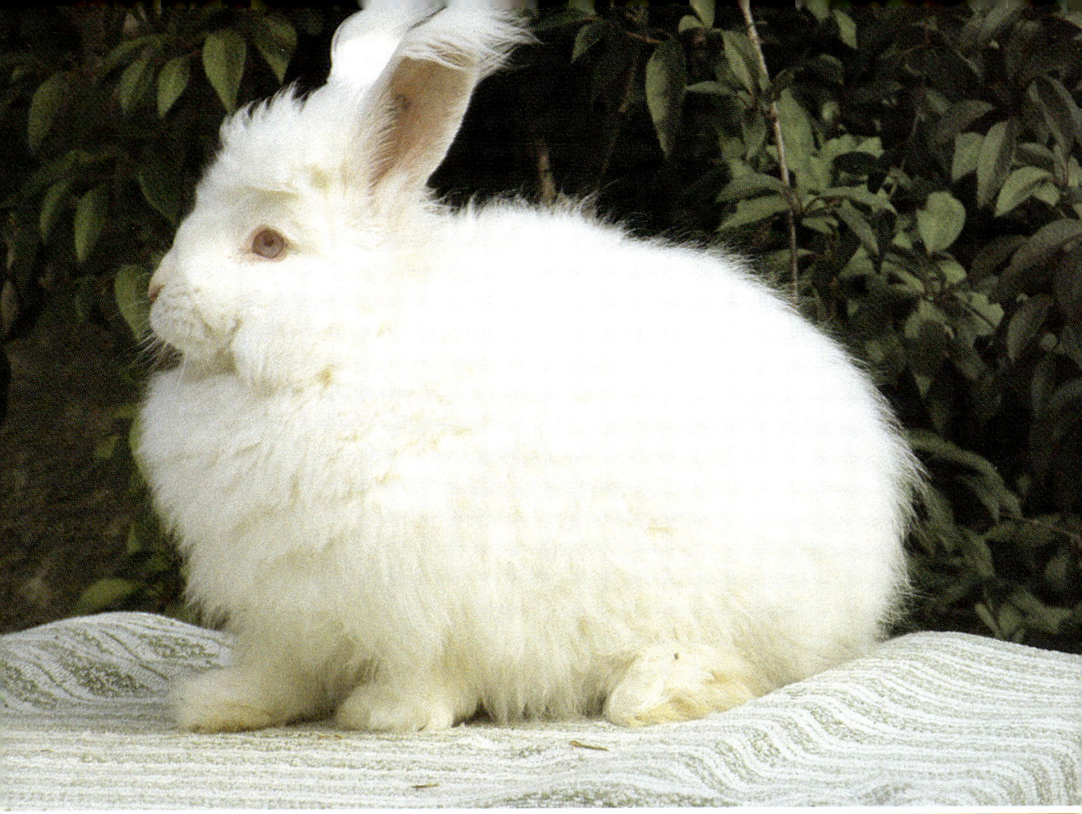

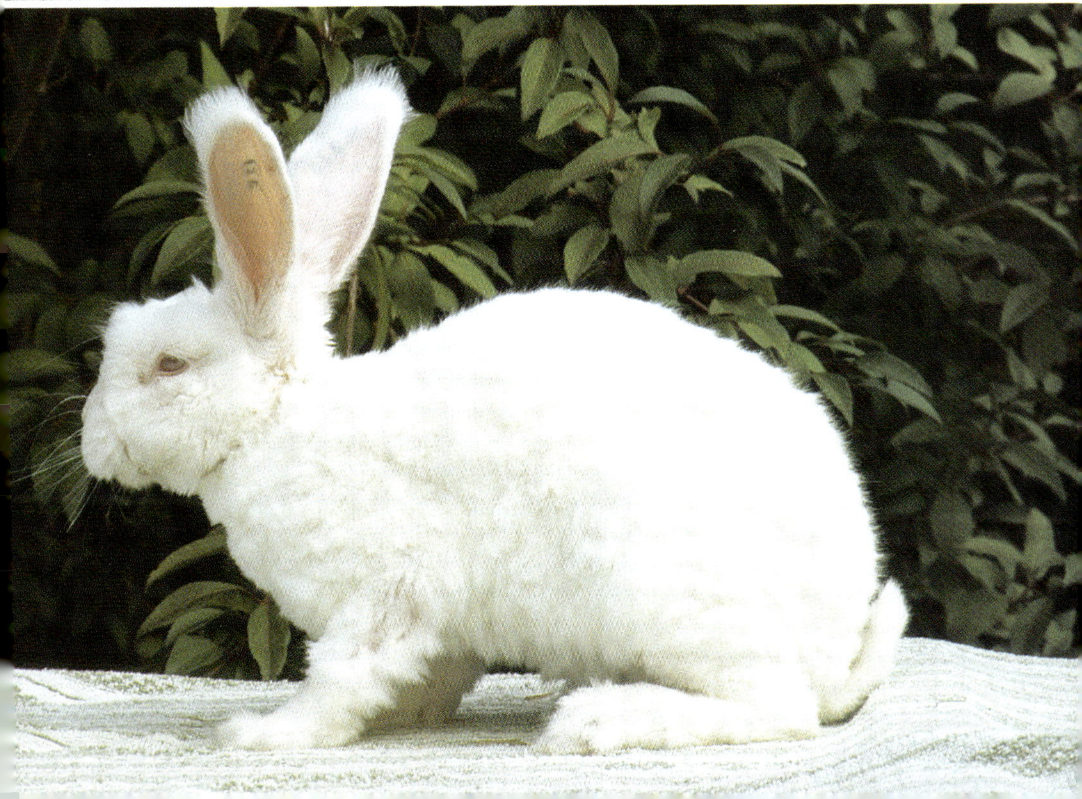

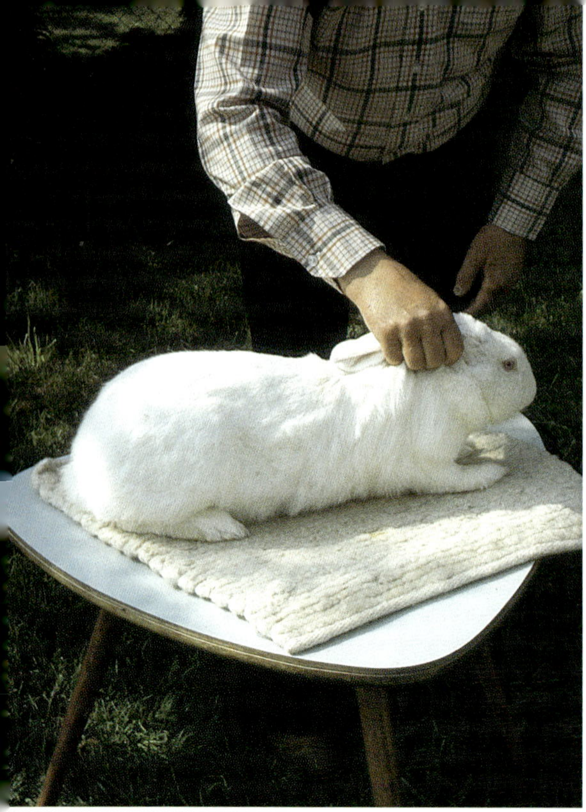
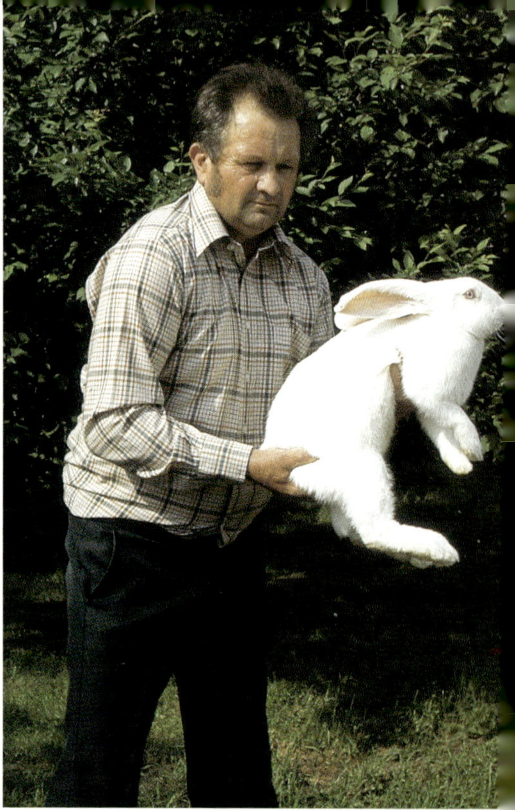
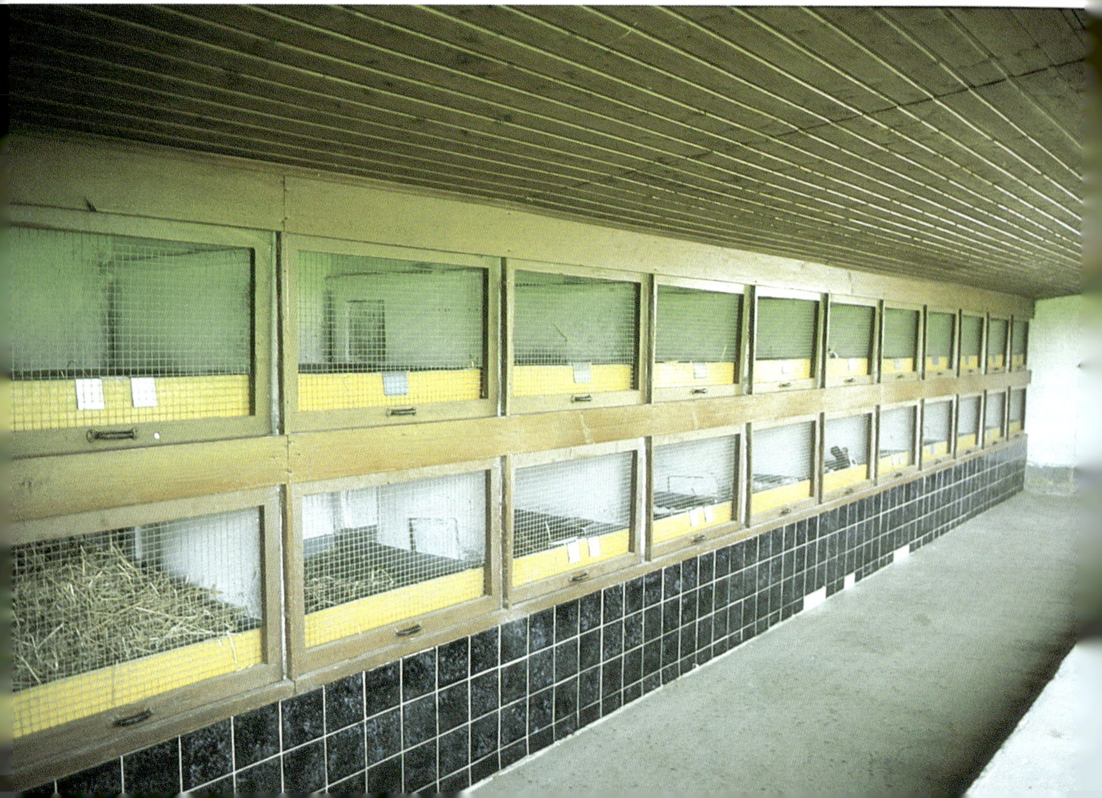

Futterbau

Zuletzt darf nicht vergessen werden, daß viele Kleintierhalter eine Wiese haben, die recht weit von ihrem Wohnhaus entfernt liegt. So ist es einfacher, zu Hause Heinzen oder Schwedenreuter aufzustellen, die für schlechtes Wetter noch mit einer Plane überdacht werden. Das frisch geschnittene Gras wird nach Hause gefahren und vor der Haustür bei minimalem Platz- und Arbeitsaufwand getrocknet.

Wenn Sie Ihr gut getrocknetes Heu anschließend einlagern, denken Sie daran, daß es locker und luftig liegen muß! Jetzt beginnt es nämlich zu schwitzen – auch wenn es Ihnen vorher noch so trokken erschienen ist. Dieser Wasserdampf muß entweichen können, sonst bildet sich Schimmel und im schlimmsten Fall gibt es die gefürchtete Selbstentzündung des Heus. Also vorsichtshalber in den ersten Wochen immer wieder die Luftzufuhr und die Temperatur im Heu überprüfen!

Nach etwa sechs Wochen ist dieser Vorgang abgeschlossen, *erst jetzt* darf das Heu verfüttert werden!

Seite 37:
Angorakaninchen als einzige Vertreter der Langhaarrassen, oben vor, unten nach der Schur.

Seite 38:
Oben links: Ansatz zum Nackengriff, eine Hand umfaßt Ohren und Nackenfell, die andere stützt unbedingt den Hinterleib.
Oben rechts: Halten mit dem Untergriff, eine Hand greift unter die Brust, die andere stützt den Hinterleib.
Unten: Eine vorbildliche Gemeinschafts-Kaninchenzuchtanlage nach Schweizer Modell.

Noch ein Wort zu den Trockengestellen: Bislang werden die Schwedenreuter mit Draht bespannt, zuerst wird auf die untere Reihe Grasschnitt gelegt, dann der nächste Draht gespannt und mit Gras behängt usw. Wenn das Heu trocken ist, wird der Draht gekappt (so wird er von Mal zu Mal kürzer), dann mitsamt dem Heu auf den Wagen geladen und nun der Draht herausgezogen. Schräge Spannpfosten an beiden Enden des Reuters und Bodenanker machen alles etwas kompliziert. Heinzen sind schwierig zu beladen. Dazu braucht man Übung, damit nicht alles gleich wieder herunterrutscht.

Probieren Sie es doch einmal mit folgendem Modell, das Sie je nach Ausführung auch gleich als Gartenzaun verwenden können: 2,30 m lange Vierkanthölzer werden an einem Ende zugespitzt und gegen Fäulnis behandelt. Dazu befeuchten Sie die zugespitzten Enden und »kokeln« sie über kleinem Feuer rundum an. Anschließend werden sie in Wasser getaucht. In gleichen Abständen von etwa 30–35 cm befestigen Sie Metallhalterungen, die nach oben offen sind (gibt es in Heimwerkerläden, um Kleiderstangen in Schränken zu befestigen). Wenn die Vierkanthölzer auf der Heuwiese oder vor dem Haus in den Boden eingeschlagen sind (erst mit einer Eisenstange Löcher vorbohren, sonst müssen Sie zu fest auf die Hölzer schlagen und beschädigen sie dabei), muß die untere Halterung etwa 40 cm über dem Boden sein. Zwischen die Vierkanthölzer, die einen Abstand von etwa 2 m haben sollten, legen Sie nun dünne Bohnen- oder Bambusstangen in die Halterungen. Beim Grasauf-

39

legen beginnen Sie wie beim Schwedenreuter mit der untersten Stange, und erst, wenn diese gefüllt ist, legen Sie die nächste Stange in die Halterung. Ist das Heu gut trocken, heben Sie die ganze Stange mit dem Heu ab und legen sie auf den Wagen, wo dann die Stange herausgezogen wird. Natürlich können Sie das Gestell auch ganz leicht wieder auseinandernehmen und wettergeschützt lagern. Legen Sie aber Steine in die Bodenlöcher, damit das Gerüst beim nächstenmal schneller aufgebaut werden kann.

Kaninchenrassen und Tips für den Kauf

Wer Kaninchen halten möchte, wird natürlich auch vor die Frage gestellt, für welche Rasse er sich entscheiden soll. Einige Leser werden der Auffassung sein, die Rassefrage sei sekundär: »Hauptsache, das Tier ist gesund, hübsch und bringt unter Umständen auch noch gutes Fleisch.«

Das trifft sicher zu, wenn Sie Ihr Kaninchen als Haustier halten oder nur gelegentlich mal einen Braten essen wollen. Manchmal wird alles mögliche miteinander gekreuzt, und der Erfolg ist zufriedenstellend. Wenn Sie aber auch die Felle verwerten wollen oder richtige Zucht betreiben möchten, brauchen Sie die Gewähr der Rassereinheit Ihrer Zuchttiere, damit jeder Wurf die gleichen Merkmale hat. Denn zehn noch so schöne, aber unterschiedlich gefärbte und gescheckte Felle sind schlecht zu einem harmonischen Ganzen zu fügen. Und wenn dann noch so positive Merkmale wie Fruchtbarkeit und guter Fleischansatz durch diverse Kreuzungen verlorengehen, ist das schon sehr bedauerlich. Wer also die Möglichkeit hat, sollte sich für reinrassige Tiere entscheiden, die eine Gewähr für gleichbleibende Eigenschaften bieten.

Aus dem Wildkaninchen hat sich durch gezielte züchterische Auslese über viele Jahrzehnte hinweg eine große Zahl unterschiedlicher Kaninchenrassen entwickelt, deren Eigenschaften durch Reinzucht und Inzucht gefestigt wurden. Die einzelnen Rassen können sich in folgenden Merkmalen unterscheiden:

Körpergröße: 1–9 kg (Zwerg- und Kleinrassen, Mittelgroße, Riesen).
Körperform: schlank und hochbeinig, gestreckt, gedrungen, gewölbt, walzenförmig.
Fellfarbe: schwarz, grau, blau, braun, rot, gelb.
Fellzeichnung: Platten, Schecken, Punkte, Streifen, Loh- und Russenzeichnung.
Fellhaar: lang, Satin, normal, kurz.
Dazu kommen Felldichte, Fleischansatz, Futterverwertung, Frohwüchsigkeit (schnelles Wachstum der Jungtie-

re), Fruchtbarkeit, Säuge»leistung« und last not least das Temperament.

Allerdings können durch Inzucht auch Degenerationserscheinungen auftreten (Hypernervosität, Knochendeformationen, mangelhafte Infektabwehr u. ä.), die nur durch Rückkreuzung, also Einkreuzung weniger ausgeprägter Kaninchentypen, vermieden werden können.

Das »Hermelin«-Kaninchen war übrigens die erste Zwergkaninchenrasse. Sie entstand aus der reinweißen und rotäugigen Form des recht kleinen polnischen Kaninchens, das gute Fellqualitäten zeigte. Durch fortlaufende Inzucht nur dieser einen Form des polnischen Kaninchens entstanden Mutationen, also plötzliche Genveränderungen (die Gene tragen die Erbanlagen). Die typischen Eigenschaften des heutigen Hermelin-Kaninchens – kurze Ohren, kindliche, runde Kopfform und gedrungener, kleiner Wuchs – entwickelten sich.

Diese Stabilisierung typisch jungtierhafter Formen auch im ausgewachsenen Stadium eines Tieres kann man auch bei anderen Tierarten finden, die wie das Zwergkaninchen nicht mehr für eine bestimmte Leistung, sei es Fleischertrag beim Kaninchen oder etwa Wachsamkeit und Verteidigungsbereitschaft bei Hunden, gehalten werden, sondern nur noch als Streichel- oder Schoßtiere; sehr deutlich ist das bei manchen Kleinhunderassen zu erkennen. Oft sind dann auch die Verhaltensweisen bei diesen Tieren kindlich und werden zu bleibenden Charaktereigenschaften herangezüchtet.

Für die Haustierhaltung eignen sich große ebenso wie Zwergrassen, doch sollte man vorher gründlich überlegen, ob Platz und Futterangebot der Größe des Tieres entsprechen.

Wer Kaninchen wegen des Fleisches halten möchte und darum zu einer sehr großen Rasse tendiert, die natürlich auch größere Felle liefert, muß bedenken, daß bei sehr großen Rassen Futtermenge, Fleischmenge und Schlachtabfall oft ein ungünstiges Verhältnis bilden, das mittelgroße Rassen unter Umständen wirtschaftlicher werden läßt, da hier weniger Futterbedarf und Schlachtabfall entstehen. Im Zweifelsfall also erst einmal mit einer mittleren Rasse beginnen. Wohlgemerkt: *einer!* Zwei oder gar mehr Rassen sind für den Anfang nicht zu empfehlen. Damit verzettelt man sich nur und braucht erheblich mehr Stallfläche.

Angorakaninchen sind wohl die vom wirtschaftlichen Aspekt her betrachtet ertragreichsten Tiere, da sie alle drei Monate einen Wollertrag, später Fleisch und Fell liefern. Bedenken Sie aber auch, daß das Scheren nicht jedermanns Sache ist. Der Zeitaufwand ist erheblich, und wenn diese Arbeit nicht sorgfältig ausgeführt wird, verfilzt im Nu die ganze Wolle – für das Tier ein unerträglicher Zustand!

Die Abbildungen auf den Seiten 17/18, 35 und 36 zeigen einige bei uns häufig gehaltene und zur Fleischnutzung gut geeignete Kaninchenrassen:

Die Deutschen Riesen, hier der graue Farbschlag (Abb. S. 17), sind die größten und schwersten Vertreter unserer Kaninchenrassen. Ihr Mindestgewicht liegt bei 5,5 kg, ausgewachsene Zuchttiere wiegen etwa 7 kg. Sie sollten auf jeden Fall Kraftfutter (Getreide, Fertigfutter) erhalten, um den guten Fleischansatz voll ausnützen zu können. Mehrere Farbschläge.

Zu den mittelgroßen Rassen gehören Rote Neuseeländer und Weiße Wiener (Abb. S. 18): Gewicht jeweils zwischen 4,0 und 5,0 kg, Mindestgewicht 3,0 kg. Beide sind aufgrund ihrer guten Mastfähigkeit als Wirtschaftsrasse anerkannt. Als Vertreter der kleinen Rassen wollen wir die Deutschen Kleinwidder (Abb. S. 35) und die Lohkaninchen (Abb. S. 35) vorstellen. Bei den Deutschen Kleinwiddern liegt das Gewicht zwischen 3,0 und 3,5 kg, das Mindestgewicht beträgt 2,5 kg. Die Schlachtausbeute dieser Rasse liegt bei 60 % vom Lebendgewicht und ist damit besser als bei der großen »Bruder«-Rasse, den Deutschen Widdern.

Beim Lohkaninchen (hier der Farbschlag Schwarzloh) liegt das angestrebte Gewicht zwischen 2,5 und 3,25 kg bei einem Mindestgewicht von 2,0 kg. Die Rasse stammt aus England, weitere Farbschläge sind Braunloh und Blauloh.

Einzig wirtschaftlich genutzter Typ des Langhaarkaninchens ist das Angorakaninchen (Abb. S. 37): Gewicht 3,5 bis 5,0 kg, Mindestgewicht 2,5 kg. Angestrebtes Zuchtziel ist feinste Wolle mit hervorragender Isolierfähigkeit, daneben aber auch Fruchtbarkeit und gute Masteigenschaften.

Neben diesen vorgestellten Rassen gibt es noch über 50 vom Zentralverband der Rassekaninchenzüchter anerkannte Kaninchenrassen. Auf jeden Fall sollte man sich vor der Entscheidung für eine bestimmte Rasse mit dem örtlichen Kaninchenzuchtverein in Verbindung setzen und nach Möglichkeit eine Rasse wählen, für die es auch in der näheren Umgebung den »passenden« Rammler gibt.

Beim Kauf achten Sie bitte auf folgende Merkmale:

1. Das Fell muß frei von Verkrustungen und Schmutz sein, glänzen und am Körper anliegen. Struppiges, glanzloses Fell oder gar Kahlstellen können vom Vitaminmangel über diverse Infektionen bis zur Räude alles bedeuten.

2. Augen und Ohren müssen *vollkommen* sauber, die Nase trocken sein. Tränende Augen, auch nur leichter Belag im Ohreninneren und Niesreiz sind alarmierende Krankheitszeichen.

3. Die Zähne dürfen weder krumm noch überlang sein. Lassen Sie sich nichts einreden – solche Tiere *müssen* geschlachtet werden, um ihnen die Qual zu verkürzen.

4. Der Gesamteindruck muß der eines wohlgenährten Tieres sein. Eingefallene Flanken ebenso wie aufgedunsener oder verhärteter Leib sind immer ein Alarmzeichen.

Kaufen Sie kein Tier, das auch nur eines der genannten Negativmerkmale hat! Auch nicht aus Mitleid und falsch verstandener Tierliebe. In den genannten Fällen ist es meist besser, das Tier von den vorhandenen oder noch kommenden Qualen zu erlösen.

Für Rassetiere erhalten Sie natürlich Papiere, die mit der Tätowiernummer im Ohr des Kaninchens übereinstimmen müssen. Im rechten Ohr finden Sie die Vereinsnummer des Landesverbandes, im linken Geburtsdatum und laufende Nummer des Tieres gleicher Rasse im Verein. Das sieht dann im linken Ohr so aus:

2	3	2
Monat	1991	Lauf. Nr. des
Februar		Tieres
		gleicher Rasse
		im Verein

In den Papieren finden Sie den Stammbaum, möglichst bis zu den Großeltern, und deren Bewertungspunkte.

Natürlich sind Preise Verhandlungssache und schwanken je nach Qualität des Tieres. Das heißt aber nicht, daß ein Tier mit hervorragenden Punktbewertungen auf Ausstellungen auch fruchtbar ist und gute Muttereigenschaften hat. Auch sollte das Tier nicht alt sein. Jungtiere ab 8–9 Wochen sind preiswert und gewöhnen sich leicht an Sie und die neue Umgebung. Wenn Sie zwei Tiere zusammen aufziehen wollen, nehmen Sie sinnvollerweise zwei weibliche Jungtiere aus einem Wurf, sonst könnten böse Raufereien die Folge sein!

Für nicht reinrassige Jungtiere oder reinrassige mit *kleinen* Fehlern, die nicht zur Zucht weiterverwendet werden (z.B. falscher Farbschlag, ungleiche Zeichnung, zu lange Ohren), zahlen Sie etwa 10–15 DM. Reinrassige Jungtiere, die den »Standard«-Anforderungen der Kaninchenzüchter entsprechen, kosten schon mehr als das Doppelte und Angorakaninchen sogar ca. 80 DM und mehr. Für den Transport der Tiere vom Züchter nach Hause, von zu Hause zum Rammler, auf Ausstellungen oder zum Tierarzt brauchen Sie eine Transportki-

ste (Abb. 19). Im Notfall tut es auch mal ein großer Korb, der oben mit einem Tuch zugebunden wird. Der Transport in Säcken ist eine Quälerei und gesetzlich verboten!

Jetzt müssen Sie natürlich auch noch wissen, wie Sie Ihr Kaninchen in die Hand nehmen und tragen sollen. Die Abbildungen auf Seite 38 zeigen, wie es gemacht wird. Auf *keinen* Fall dürfen die Tiere nur an den Ohren angefaßt, mit den Fingernägeln ins Nackenfell gezwickt oder ohne Stützgriff unter dem Körper mit der freien Hand transportiert

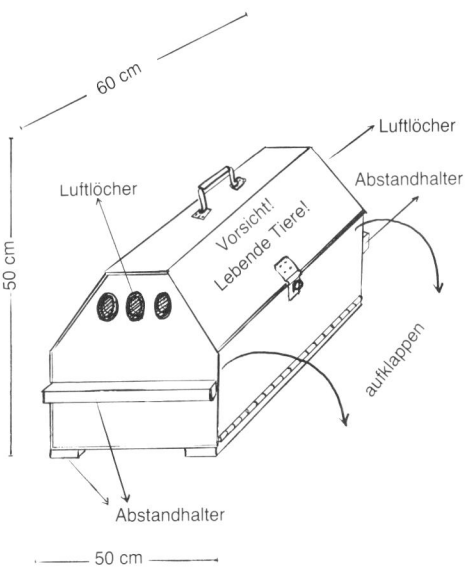

Abb. 19: Transportkiste für Kaninchen. Die Luftlöcher werden mit Fliegendraht bespannt.

43

werden. Machen Sie keine ruckartigen Bewegungen, sondern beruhigen Sie das Tier durch sanftes Streicheln mit der Fellrichtung und freundliches Sprechen. Dann – mit oder ohne im Nacken mit der Nackenhaut zusammengefaßte Ohren – das Tier fest greifen, ohne zu zwicken, während gleichzeitig die andere Hand stützend unter den Körper greift.

Vermehrung und Zucht

Wie wir bereits wissen, gibt es eine gewisse Reihenfolge bei Kaninchenbesitzern. Alle, die ein Kaninchen besitzen, sind erst einmal »Halter«, dann folgen die »Vermehrer«, also die, die mindestens ein Muttertier haben, dieses decken und den Wurf groß werden lassen – aus welchen Gründen auch immer. Und jetzt wird es ernst: »Züchter« oder sogar »Herdbuchzüchter« haben sich mit Ordnungen, Verordnungen und Regeln zur Zuchtauswahl den höheren Weihen versprochen.

Solche Organisationen sind natürlich von erheblichem Nutzen, um Reinerbigkeit, gleichbleibende Fell- oder Angoraqualität zu gewährleisten. Was jedoch den militärisch/preußischen Ton der Verordnungen und die allem beigemessene Wichtigkeit betrifft, habe ich den Verdacht, daß hier die Wurzel für den »tierischen« Ernst vergraben liegt. Wie aber von den Züchtern sicher mit Recht behauptet wird, sind von 10 Kaninchenbesitzern etwa 9 »Halter« bzw. »Vermehrer«, die in der Kleintierhaltung ein Hobby und nicht den Lebenszweck sehen. Gesunde, lebensfrohe Tiere sind ein Ge-schenk, das einem nicht einfach so in den Schoß fällt; dazu gehören Verantwortungsbewußtsein und einiges Wissen, aber die Liebe gegenüber allem Lebenden enthält beides. Sie verträgt sich nur schwer mit dem Begriff »Leistung«, den wir schon im Alltag von klein auf eingeimpft bekommen. Der Wert des Lebens läßt sich nicht in Zahlen fassen, auch nicht in Leistungsbewertungspunktzahlen.

Wer sich nach erfreulichen Erfolgen im Anfangsstadium später der wirklichen Zucht widmen möchte, wird im nächstgelegenen Kleintierzuchtverein sicher die Hilfestellung bekommen, um in dieser Richtung aktiv zu werden. Hier soll erst einmal die Vermehrung und Aufzucht besprochen werden:

1, 2, 3, ja in Extremfällen sogar 4 Würfe pro Jahr und Häsin sind möglich. Beim 3. und 4. Wurf pro Jahr sollte aber überlegt werden, ob Futterkapazität und -qualität, Innenställe und die Notwendigkeit vorhanden sind, die Häsin solch extremen Belastungen auszusetzen. Wir gehen hier einmal von zwei Würfen pro Jahr und Häsin aus, was bedeutet, daß je nach Anlage der Häsin 12–24 Jungtiere pro Jahr aufgezogen werden können. Die Häsin sollte mindestens sechs Monate alt sein, wenn sie zum erstenmal gedeckt wird. Auch der Rammler braucht etwa dieses Alter. Er darf ruhig kleiner als die Häsin sein. Umgekehrt kommt es leicht zu Schwierigkeiten bei der Geburt, wenn die Jungen zu groß für den Geburtskanal der Häsin sind.

Der Fellwechsel sollte überstanden sein und die Schur des Angoras etwa drei Monate zurückliegen. An den leicht geschwollenen und geröteten Genitalien der Häsin und eventueller Unruhe ist ihre Deckbereitschaft zu erkennen. Jetzt können Sie die Häsin zum Rammler bringen – nicht umgekehrt! Im eigenen Stall ist die Häsin nämlich sehr unverträglich. Und wenn ihr der Rammler nicht sympathisch ist, dann läßt sie sich auch in seinem Stall nicht von ihm decken. Unerfahrene Rammler werden leicht von einer barschen Häsin eingeschüchtert, während die älteren mit sehr viel Gelassenheit über Unfreundlichkeiten hinwegsehen und die Häsin beruhigen, indem sie ihr über den Kopf lecken. Wenn es also Schwierigkeiten zwischen den beiden gibt, dann nehmen Sie die Häsin nach fünf Minuten wieder aus dem Stall und versuchen es nach etwa 20 Minuten noch einmal. Vielleicht ist die Häsin aber auch dann noch nicht deckbereit. In solchen Fällen kann man sie über Nacht in einen leeren Rammlerstall setzen, was ihre Deckbereitschaft, d.h. ihren Hormonhaushalt, unter Umständen günstig beeinflußt. Wenn auch das nichts nützt, versuchen Sie es 14 Tage später noch einmal. Nicht zu vergessen sind kalte Außentemperaturen, die

das Verhalten der Häsin »frostig« werden lassen können, oder sie kann ihn eben partout nicht riechen. Dann hilft alles nichts – suchen Sie ihr einen anderen Liebhaber.

Die Häsin ist gedeckt, wenn der Rammler nach kurzem Aufreiten seitlich mit Gegrunze von der Häsin herunterrutscht und einen Moment starr liegenbleibt. Das geht manchmal alles so blitzschnell, daß man glaubt, sicherheitshalber noch ein zweites Mal abwarten zu müssen. Das ist aber wirklich nicht nötig, und der Wurf wird dadurch nicht größer. Sie können jetzt die Dame wieder einpacken und in ihren Aufzuchtstall setzen.

Nur wenn Sie Häsin und Rammler in einem sehr großen Stall miteinander eine Familie gründen lassen wollen, können Sie beide nach einer Weile des Beschnupperns alleine lassen. Bedenken Sie aber, daß so etwas immer ein Experiment ist, da Sie nicht wissen, ob die beiden sich wirklich mögen und ob der Rammler auch ein guter Vater sein wird. Vielleicht trennen Sie ihr, kurz bevor sie wirft, ein Abteil mit Draht ab, in dem der Nistkasten steht und wo sie dann trotzdem Sichtkontakt zu ihrem Gemahl hat. Aber im »Normalfall« bleiben Sie beim Decken immer dabei. Die Häsin und auch der Rammler regen sich nur unnötig auf, wenn sie ständig von einer Ecke in die andere flieht, weil sie aus irgendwelchen Gründen nicht will. Um in solchen Fällen eingreifen zu können, aber auch um zu wissen, ob die Häsin tatsächlich gedeckt wurde, müssen Sie während dieser Aktion dabeibleiben. Nehmen wir also an, es hat geklappt und die Häsin sitzt in ihrem Aufzuchtstall.

Kaninchenzucht

Das kann der bisherige Käfig sein, dessen Trennwand zum Nachbarstall herausgenommen wurde. Vor der Tür des zukünftigen Kinderzimmers befestigen Sie eine Sperrholzplatte, um diesen Stallteil abzudunkeln. Eine Holzkiste, die größer als die Häsin ist und möglichst einen aufklappbaren Deckel hat, mit einem seitlichen Schlupfloch und praktischerweise auch mit Fußboden, wird als Wurf- oder Nistkasten in die hintere Stallecke gestellt.

Bei hohen Außentemperaturen genügt Sackleinwand vor der Käfigtür, und statt des Wurfkastens nehmen Sie einen quadratischen Holzrahmen, der das Nest zusammenhält. Besonders praktisch ist es, wenn die Trennwand aus einzelnen Nut- und Federbrettern besteht, die von außen übereinandergeschoben werden (s. Abb. 8). So können Sie den Stall je nach Notwendigkeit verändern. Folgender Ablauf ist denkbar:

1. Keine Trennwand, Häsin läuft frei in beiden Ställen herum.
2. Die unterste Trennwand wird eingeschoben, wenn die Jungen nach drei Wochen aus dem Nest klettern. So kann die Häsin zu den Jungen, nicht aber umgekehrt. Ihre Kotecke ist im anderen Stallteil.
3. Zweites Brett wird eingeschoben. Wenn die Häsin nicht darüberspringen kann, das Brett nicht ganz bis hinten durchschieben, damit ein Durchgang für die Häsin bleibt, den freilich auch die Kaninchenkinder nutzen können. Darum evtl. die Häsin nur dreimal täglich zu den Jungen lassen.
4. Das zweite Brett wird wieder herausgezogen und das untere dient den

Jungen als »Sprungbrett« für die täglichen Turnübungen.
5. Auch das unterste Brett wird herausgezogen, und die große Hasenfamilie kann jetzt gemeinsam tagsüber im Auslauf toben, während nachts genügend Platz im Doppelstall ist.

Aber so weit ist es ja noch gar nicht. Eigentlich waren wir noch mit der Wurfkiste beschäftigt. In sie füllen Sie reichlich Einstreu. Das Nest selbst baut die Häsin.

Geben Sie ihr die Nippeltränke oder im Winter morgens und abends einen Napf mit temperiertem Wasser, den Sie nach einer Viertelstunde wieder wegnehmen. Das Futter soll vitamin- und mineralstoffreich, aber nicht zu kalorienhaltig sein, denn die Häsin darf nicht verfetten, sonst wird die Milchmenge darunter leiden, und Probleme bei der Geburt können auftreten.

Nun braucht die Häsin Ruhe und reagiert verstört auf alle Veränderungen, die darum auch unterbleiben sollten. Wenn Sie die Häsin trotzdem einmal aus dem Stall nehmen müssen, denken Sie daran, ihr Hinterteil gut abzustützen, damit sie nicht hektisch hin und her strampeln kann.

Etwa eine Woche vor dem Wurf bereitet die Häsin das Nest vor. Die Einstreu wird kleingekaut und im Nest fachmännisch festgestopft. Dann zupft sie sich Bauchwolle aus und polstert damit das Nest aus. Ohne den Holzkasten könnte das weiche Nest jetzt leicht auseinandergetreten werden, und die Jungen würden herausfallen. Nach etwa 28–31 Tagen ist es dann soweit. Vier bis zwölf winzige, nackte Wesen wuseln im Nest oder

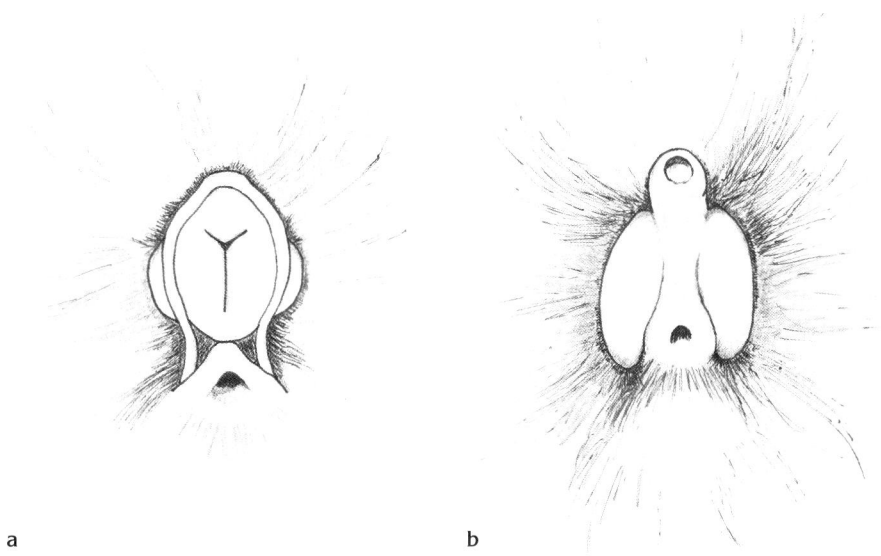

a

b

Abb. 20: Der »kleine Unterschied« beim Kaninchen (von der Bauchseite aus gesehen); **a** Scheidenöffnung (oben) und Afteröffnung der Häsin, **b** Penisöffnung (oben) und Afteröffnung des Rammlers.

schlafen gerade satt und gut gewärmt. Jetzt ist es an der Zeit, das Nest zu kontrollieren. Ist die Häsin ruhig und an Ihre Hand gewöhnt, können Sie sie beruhigend streicheln, vielleicht frißt sie auch ihr Lieblingsfutter, während Sie mit der anderen Hand den Deckel der Wurfkiste öffnen und vorsichtig die Jungen zählen. Tote Tiere müssen entfernt, Mißgeburten getötet werden. Nun müssen Sie auch entscheiden, wie viele Junge Sie der Häsin lassen. Sechs bis acht Tiere werden im allgemeinen ohne Schwierigkeiten aufgezogen. Bei guter Konstitution der Mutter und mindestens acht gut ausgebildeten Zitzen können Sie ihr aber auch mehr als acht Junge lassen. Zu bedenken ist auch, daß eventuell bei der nächsten Nestkontrolle – drei Tage später – noch einmal zurückgebliebene Junge entdeckt werden. Die gesunden und kräftigen müssen rund und prall aussehen, keinesfalls faltig und runzlig. Kümmerlinge müssen jetzt ebenfalls getötet werden, da sie keine Chance haben und von den stärkeren Jungen zurückgedrängt werden. Das ist keine schöne Aufgabe, aber sie gehört mit zu den Verantwortlichkeiten eines Tierhalters. Die winzigen Tiere werden mit dem Kopf fest auf einen Stein aufgeschlagen und sind sofort tot.
Ist die Mutter aber zu unruhig, um die Nestkontrolle in ihrem Beisein durch-

führen zu lassen, dann nehmen Sie die Häsin solange aus dem Stall. Oder aber, was noch einfacher ist, Sie heben die ganze Wurfkiste (vorausgesetzt, sie hat einen Boden!) aus dem Stall. Gerade bei Angoras ist das sehr zu empfehlen, da die Bauchwolle der Häsin nach vier Wochen schon wieder gefährlich lang ist. Die ausgerupften Wollhaare müssen kurzgeschnitten werden, damit sich die Jungen nicht strangulieren. Diese Arbeit erledigen Sie am besten in einem warmen Raum, und die Jungen legen Sie solange in angewärmten Zellstoff.

Die Säugezeit dauert etwa sechs bis acht Wochen. Bitte reichlich Wasser und gehaltreiches Futter nicht vergessen. Ab der 3. Woche wagen sich die ersten Jungen für kurze Zeit aus dem Nest. Krabbeln sie schon vor dieser Zeit außerhalb des Nestes herum, dann stimmt etwas nicht mit der mütterlichen Nahrungsquelle (s. Kap. Krankheiten – Euterentzündung), oder die Häsin hat zuwenig Trinkwasser, zu energiearme Kost oder zu viele Junge. Im letzteren Fall können Sie versuchen, zwei Junge einer anderen säugenden Häsin unterzuschieben. Manchmal klappt das ganz gut, und ich kenne Fälle, in denen eine Kaninchenmutter gleich einen ganzen Wurf (einer anderen Rasse) adoptiert hat.

Wenn die Jungen beginnen, im Aufzuchtstall herumzuspringen, ist erhöhte Aufmerksamkeit wichtig, damit die Kleinen sich nicht am Kot der Mutter infizieren können (s. Kap. Krankheiten – Kokzidiose). Darum häufig ausmisten, immer für genügend saubere und warme Einstreu sorgen und auf *einwandfreies* Futter achten. Denn jetzt versu-

chen sie auch das Futter der Häsin und werden von Tag zu Tag unabhängiger von der Muttermilch. In Notfällen können sie sich ab der 6. Woche ohne sie ernähren (Haferflocken, häufige, aber kleine Mengen frisches, unbetautes Grünfutter). Da aber Muttermilch unersetzlich ist für die erste Darmreinigung (das sog. Darmpech geht ab, wenn die erste Milch, die Kolostralmilch, aufgenommen wurde), den Körperaufbau und die Krankheitsabwehr, sollten die Tiere mindestens bis zur 8. Woche bei der Mutter bleiben. Ausnahmen sind Milchmangel oder eine heftige »Hitzigkeit« der Mutter, wenn sie also wieder deckbereit ist und sich deshalb sehr unruhig aufführt. Natürlich darf die Mutter dann nicht sofort wieder gedeckt werden, sondern braucht unbedingt zwei bis drei Wochen Ruhe.

Angorakaninchen müssen mit acht Wochen das erstemal geschoren werden, da danach die Wolle schnell verfilzt und das Scheren viel Mühe macht. Es ist sinnvoll, die geschorenen Jungtiere danach noch eine Woche bei der Mutter zu lassen, damit Schur und Trennung nicht gleichzeitig erfolgen.

Wenn keine zwingenden Umstände vorliegen, nimmt man nicht alle Jungen gleichzeitig von der Mutter weg, sondern zuerst die zwei oder drei kräftigsten. Die Jungtiere können dann noch bis zur 11. Woche beieinander bleiben, allerdings *muß* der Käfig dann sehr groß sein, denn viel Bewegung ist in diesem Alter das wichtigste. Dann aber muß die Geschlechtertrennung stattfinden, da mit 12–13 Wochen schon die Geschlechtsreife eintreten kann. Männliche und weibliche Tiere, besonders in diesem Alter, sind nicht ganz einfach zu unterscheiden. Die Abbildung 20 soll den wirklich sehr kleinen Unterschied etwas verdeutlichen.

Am besten setzen Sie sich hin, nehmen ein Tier so auf den Schoß, daß es mit dem Rücken an Ihren Bauch gelehnt auf den Hinterläufen sitzt. Mit einer Hand halten Sie die Vorderläufe nach oben, mit der anderen suchen Sie vorsichtig im Fell nach den Genitalien. Wenn Sie nun mit Zeige- und Mittelfinger *vorsichtig* und mit *leichtem* Druck die Haut auseinanderspannen, tritt das Geschlechtsteil hervor. Beim Rammler erkennen Sie mit etwas Mühe ein rundes Röhrchen, bei der Häsin ist diese Röhre zum After hin offen, bildet also ein »U«.

Wenn Sie sich am Anfang nicht sicher sind, holen Sie zum Vergleich noch einmal Tiere aus dem Stall, von denen Sie das Geschlecht mit Sicherheit kennen (z. B. den Rammler und die Häsin). Mit etwas Geduld und Fingerspitzengefühl wird Ihnen das Unterscheiden aber bald keine Mühe mehr machen. Aber warten Sie mit dem »Aussortieren« nicht bis zur letzten Minute, und nehmen Sie sich Zeit! Natürlich sollten Sie einen erwachsenen Rammler auch schon an seinem Äußeren erkennen können. Je ausgeprägter der Kopf ist, um so leichter fällt die Unterscheidung. Allerdings ist die Unterscheidung an der Kopfform bei Jungtieren noch kaum möglich.

Die jungen Rammler sollten Sie entweder sehr bald separieren, kastrieren oder schlachten, denn die Rivalenkämpfe sind teilweise sehr heftig. Vielleicht sind es aber auch ruhige Zeitgenossen, und sie können bis zur Schlachtreife (12–16 Wochen) in einem sehr großen Auslauf

beieinander gehalten werden. Die Kastration darf nur von geübten *Fachleuten* und nur mit dem Messer ausgeführt werden. Abbinden ist Tierquälerei! Trotzdem frage ich mich nach dem Sinn dieser Aktion, da Kastraten verfetten und fettes Kaninchenfleisch ungern gegessen wird.

Weibliche Jungtiere können ohne Bedenken beieinander gelassen werden. Natürlich muß der Käfig entsprechend groß sein. Wer nur über normal große Ställe verfügt, kann bei Doppelställen die Zwischenwand herausnehmen und nun zwei Häsinnen zusammen hineinsetzen. Vielleicht behalten Sie auch einen Rammler und ein bis zwei Junghäsinnen zur Zucht – pardon – Vermehrung Ihres Bestandes. Oder Freunde und Bekannte warten schon auf ein besonders hübsches Tier.

Wenn Sie vorhaben, besonders schöne Tiere auf Ausstellungen zu zeigen, müssen Sie sich allerdings den Deckakt (mit Datum) des Rammlers schriftlich bestätigen lassen, den Wurftag, Muttertier und Größe des Wurfes innerhalb von acht Wochen dem Zuchtbuchführer mitteilen und die Jungtiere bei der Mutter belassen, bis sie innerhalb der ersten zwölf Wochen vom Tätowiermeister gekennzeichnet sind. Das alles geht natürlich nur unter der Voraussetzung, daß die Elterntiere, also Rammler und Häsin, ebenfalls tätowiert und Besitzer ordnungsgemäßer Papiere des Zuchtverbandes sind.

Informieren Sie sich bitte über die genauen Vorschriften bei Ihrem örtlichen Zuchtverein, dem Sie dann ja als »ordentliches, aktives« Mitglied angehören werden.

Grundlagen der Vererbung

Wie kommt es zu einer Rasse, bei der immer wieder die gleichen Merkmale auftreten, und wodurch kann eine Veränderung bei den Nachkommen entstehen? In den Zellkernen aller Lebewesen gibt es eine für jede Art festgelegte Anzahl von Kernfäden, die sogenannten Chromosomen. Diese Gebilde sehen unter dem Mikroskop wie um die eigene Achse gedrehte Strickleitern aus. Auf diesen Chromosomen-»Strickleitern« sitzen die Gene an genau festgelegten Plätzen. Ein Gen ist, verkürzt gesagt, der Auslöser für ein bestimmtes Merkmal, z.B. die Fellfarbe. In den Körperzellen sind alle Chromosomen doppelt vorhanden (doppelter oder diploider Chromosomensatz). Ein Chromosomenpaar besteht aus einem Chromosom des Vaters und einem Chromosom der Mutter. Nur in den Keimzellen ist ein einfacher (haploider) Chromosomensatz vorhanden (also keine paarigen Chromosomen mehr). Kommt es nun zu einer Befruchtung, so verschmilzt die männliche Samenzelle A mit der weiblichen Eizelle B, und es entsteht eine neue Zelle AB, die wieder einen doppelten Chromosomensatz hat (aus A + B). Diese neue Zelle AB ist die Urzelle des neuen Lebens. Ist ein Tier A »reinerbig«, dann haben beide Chromosomen eines Chromosomenpaares die gleichen Gene für bestimmte Merkmale (z.B. für schwarzes Fell). Ist ein Tier B »spalterbig«, dann hat es auf einem Chromosom z.B. ein Gen für schwarzes, auf dem anderen Chromosom ein Gen für weißes Fell. Trotzdem können beide Tiere schwarzes Fell haben. Im Fall A sind Phänotyp (äußere Merkmale) und Genotyp (Genanlagen) einheitlich. Im Fall B aber ist der Genotyp vom Phänotyp verschieden, die Anlage für das schwarze Fell hat sich durchgesetzt. Sie ist stärker, was als »dominant« bezeichnet wird, während die Anlage für weißes Fell schwächer, also »rezessiv« (zurücktretend) ist.

Vereinigen sich bei der Befruchtung zwei Gene für ein Merkmal, von denen keines über das andere dominant ist, so gelten folgende nach ihrem Entdecker Mendel benannte Vererbungsregeln:

1. Uniformitätsregel

Die beiden Elterntiere sind jedes für sich reinerbig, jedes hat also z.B. zwei gleiche Gene für die Fellfarbe in den Chromosomen. Aber das Tier A ist reinerbig schwarz, das andere reinerbig weiß. Die Jungen werden dann Mischformen der Elterntiere werden. Wenn sich nun zwei dieser »Bastard«-Nachkommen miteinander paaren, tritt die zweite Regel in Kraft:

2. Spaltungsregel

Es kommt zu einer Aufspaltung der genetischen Anlagen. Angenommen, der Wurf hat vier Junge, dann ist ein Junges schwarz, mit zwei gleichen Genen für schwarz. Es ist also in Phänotyp (äußere Merkmale) und Genotyp einheitlich. Das zweite Junge ist weiß, ebenfalls mit zwei gleichen Genen für weißes Fell. Die beiden anderen Jungen sind wieder Mischformen mit gemischtfarbigem Äußeren und zwei verschiedenen Genen. Es ergibt sich also eine Aufspal-

Vererbung

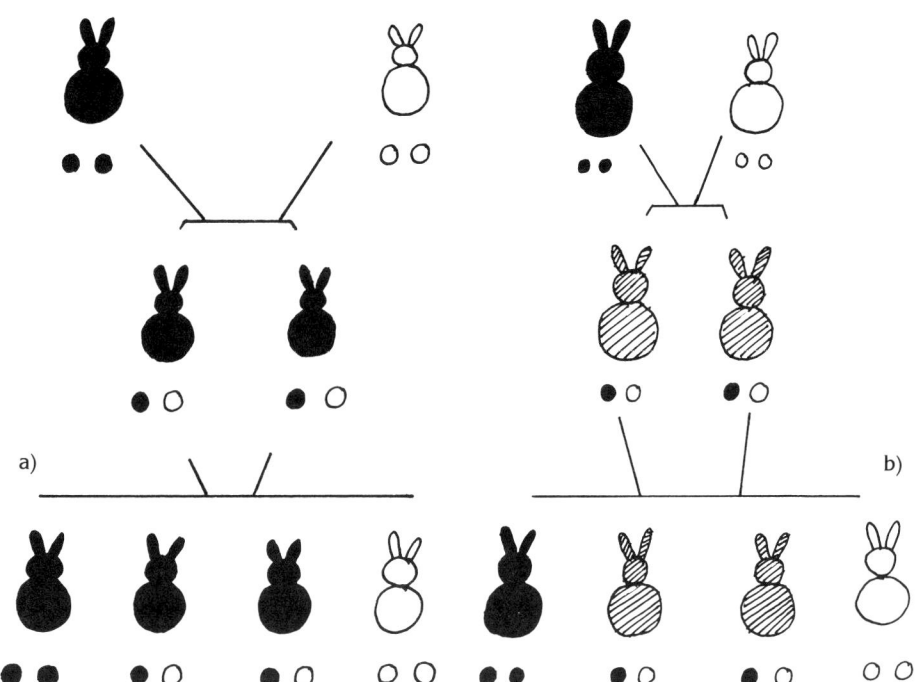

Abb. 21: Der dominant-rezessive (a) und der intermediäre Erbgang (b).

Dominant-rezessive Vererbung
● = Gen für schwarzes Fell – dominant
○ = Gen für weißes Fell – rezessiv
● ○ = spalterbig
● ● = reinerbig dominant
○ ○ = reinerbig rezessiv

Intermediäre Vererbung
● = Gen für schwarzes Fell
○ = Gen für weißes Fell

tung der Anlagen im Verhältnis: 25% reinerbig weiß zu 25% reinerbig schwarz zu 50% intermediär (dazwischenliegend). Das Ganze nennt man darum auch den intermediären Erbgang.

Daneben gibt es noch einen weiteren,

den dominant-rezessiven Erbgang. Nehmen wir an, die Farbe Schwarz ist dominant, setzt sich also gegenüber Weiß (oder einer anderen Farbe) durch, dann geschieht folgendes:

Ein reinerbig weißes und ein reinerbig schwarzes Tier paaren sich – die Jungen haben dann alle schwarzes Fell, da schwarz dominant ist. Paaren sich nun zwei dieser Nachkommen, tritt wieder die Spaltungsregel in Kraft. Dabei entsteht wieder das Verhältnis 1:2:1, aber nur im Genotyp, denn da die Farbe Schwarz dominant ist, tragen auch die Tiere mit zwei verschiedenen Genen schwarzes Fell. Das Junge mit den zwei gleichen Genen für schwarz (reinerbig) ist also schwarz, die beiden Mischtypen tragen ebenfalls schwarz, und nur ein Tier hat zwei Gene für weißes Fell (reinerbig) und ist folglich weiß. Die Abbildung 21 kann das noch einmal verdeutlichen.

Die hier dargestellten Beispiele stellen Inzuchtpaarungen dar, also Paarungen von Elterntieren mit ihren Kindern und den Kindern untereinander. Für die Rassezucht ist diese Zuchtform von großer Bedeutung, kann aber auch, wenn sie längere Zeit betrieben wird, zu Inzuchtschäden führen. Darum müssen zur Blutauffrischung immer wieder Tiere einer anderen »Linie« (z. B. von anderen Eltern, aber von der gleichen Rasse) und zeitweilig auch von einer anderen Rasse eingekreuzt werden, wobei immer nur ein Tier hinzukommen bzw. eine Häsin von einem fremden Rammler gedeckt werden sollte, damit nicht die gesamte Nachzucht eines Stammes außer Kontrolle gerät.

Viele Züchter halten mehrere Linien einer Rasse, deren Merkmale mit hoher Wahrscheinlichkeit reinerbig sind. Diese Linien werden untereinander wieder verbunden, um weitere positive Merkmale zu vereinigen.

Krankheiten

Krankheitserreger sind immer und überall. Auch und gerade permanente Desinfektion der Ställe kann sie nicht ausrotten. Es wird immer Keime geben, die sich auch an das fürchterlichste Desinfektionsmittel gewöhnen und weiterleben werden. Aber nur geschwächte oder schlecht gehaltene Tiere werden mit Krankheitserregern nicht fertig, werden also krank. Eine Ausnahme bildet die Myxomatose, die, wie alle Seuchen, auch den gesunden Körper ausgerechnet an einer absolut unbewaffneten Stelle seiner Immunabwehr trifft, womit in der freien Natur Überpopulationen verhindert oder reduziert werden.

Ein gutes Beispiel für den engen Zusammenhang gesundes Tier – gute Haltung – Krankheitsabwehr liefert die Kokzidiose. Die Erreger dieser Krankheit sind im Darm fast jeden gesunden Kaninchens nachweisbar, gefährlich werden sie den Tieren aber nur, wenn bestimmte Voraussetzungen zusammentreffen. Sauberes, abwechslungsreiches Futter, reichliche und saubere Einstreu, Bewegung an frischer Luft sind die entscheidenden Voraussetzungen für gesunde Tiere. Kritische Zeiten, in denen die Tiere besonders krankheitsgefährdet sind, müssen durch besondere Aufmerksamkeit gegenüber Krankheitszeichen, optimales Futter und gewissenhafte Stallreinigung überwunden werden. Gefährdet sind vor allem Jungtiere, trächtige und säugende Häsinnen, Angorakaninchen kurz vor und nach der Schur, Tiere im Fellwechsel und während der Futterumstellung (besonders bei Beginn der Grünfuttergaben).

Neu hinzugekaufte Kaninchen sollte man erst einmal vier Wochen separat halten und nicht gleich decken lassen, damit eventuell vorhandene Krankheiten nicht auf Rammler und Wurf übertragen werden. Der Kot neu hinzugekaufter Tiere sollte auf die Menge der Kokzidien untersucht werden (Adressen beim Züchterverein oder Tierarzt erfragen). Ein überdurchschnittlicher Befall mit Kokzidien heißt weitere Quarantäne und tägliche Stallreinigung, bis eine erneute Untersuchung ein besseres Ergebnis bringt.

Die folgenden Kaninchenkrankheiten sind ein Überblick über die häufigsten Formen. Unklare Fälle müssen auf jeden Fall dem Tierarzt vorgeführt werden. In schwierigen Fällen sollte man sich lieber für eine Schlachtung entscheiden, statt dem Tier weitere Qualen zuzumuten.

Wenn Ihr Tier keine Petersilie mehr mag oder erhöhte Temperatur hat, ist das ein Alarmzeichen. Die Normaltemperatur liegt bei 39°C. In verdächtigen Fällen überprüfen Sie die Temperatur, indem eine Person das Tier auf einer festen Unterlage festhält und streichelt, während eine zweite Person ein mit Vaseline bestrichenes Kinderthermometer zwei Minuten im After hält.

Selbstverständlich darf das Fleisch kranker oder gar verendeter Tiere nicht verzehrt werden! In solchen Fällen geben Sie den Kadaver einer Tierkörperverwertungsanstalt, oder Sie fragen den Tierarzt oder den Verein nach einer zulässigen Möglichkeit der Entsorgung. Notfalls müssen Sie den Kadaver verbrennen (Vorsicht – Geruchsbelästigung der Nachbarschaft). Tiefes Vergraben wird auch praktiziert, bedeutet aber unter Umständen eine Trinkwassergefährdung.

Blähsucht

Trommelsucht
Merkmale: Aufgetriebener, oft harter Leib, evtl. Kreislaufschwäche, Atemnot (blaue Ohren und Lippen, starkes Hecheln).
Ursache: Verdauungsstörung mit Gasbildung durch falsches Futter (siehe »Fütterung«).
Behandlung: Ist in schweren Fällen nicht mehr möglich und endet tödlich. Ansonsten sofort Futter und Einstreu entfernen. Viel Bewegung, Holzkohle oder vom Arzt empfohlene Medikamente zur Gasbindung eingeben. Evtl. einen Teelöffel starken Kaffee zur Kreislaufanregung seitlich per Pipette einflößen. Dabei das Tier auf den Schoß nehmen (keine hektischen Bewegungen oder derbes Anfassen) und mit einer Hand den Kopf festhalten.
Am nächsten Tag nur bestes Heu füttern. Besonders gefährdet: Jungtiere.

Durchfall

Merkmale: Weicher oder dünnflüssiger, evtl. blutvermischter Kot, säuerlicher, übler Geruch.

Ursache: Falsches Futter, Unterkühlung, Zugluft, feuchter Stall, Vergiftung durch chemische Rückstände. Vorsicht, eventuell Anzeichen für Kokzidiose!

Behandlung: In schweren Fällen nicht mehr möglich.

Ursachen abstellen, nur Heu füttern, lauwarmen Kamillentee mit einer Prise Salz reichen oder per Pipette einflößen, da gerade kleine Tiere bei Durchfall sofort innerlich austrocknen.

Sehr zu empfehlen: »Oralpaedon« (in Apotheken erhältlich) zu trinken geben, da so der Elektrolythaushalt wieder ins Gleichgewicht kommt.

Besonders gefährdet: Jungtiere, besonders während der Futterumstellung, Angoras nach der Schur.

Eierstockzysten

Merkmale: Häsin wird nicht trächtig, obwohl sie von verschiedenen Rammlern gedeckt wurde. Gebärmutter- oder Scheidenerkrankung als Ursache der Unfruchtbarkeit liegen nicht vor.

Eierstockzysten kommen häufiger vor, sie sind nur am geschlachteten Tier feststellbar, eine Behandlung ist nicht möglich.

Versuche mit homöopathischen Medikamenten denkbar.

Entzündungen

an Augenhornhaut, Bindehaut, Lid, Mundschleimhaut

Merkmale: Gerötete Augen, Tränenfluß, Schwellung der Lider und der Mundschleimhaut.

Ursache: Wenn Verdacht auf anstekkenden Schnupfen, Lungenentzündung, Geschlechtskrankheit oder Myxomatose unbegründet: Zugluft, Reizung durch ammoniakhaltige Luft (mangelhafte Stallhygiene), staubige Einstreu oder Verletzung, evtl. durch andere Kaninchen.

Behandlung: Staubfreie, saubere Einstreu, Frischluftzufuhr ohne Zugluft. Die betroffenen Stellen mit Kamillen- oder Augentrosttee mehrmals täglich behandeln (Pipette oder Zellstoff).

Euterentzündung

Merkmale: Gesäuge geschwollen, heiß, evtl. hart mit kleinen Knoten, abgemagerte Jungtiere.

Ursache: Mangelnde und/oder unsaubere Einstreu, daher Unterkühlung, Verletzung der Zitzen und Infektion.

Behandlung: Saubere, warme Einstreu, Zitzen mit Essigwasser abwaschen, Kamillensalbe. Das Tier vorsichtig auf die Seite legen, festhalten und die Jungen anlegen, damit der Druck durch die Milch nachläßt, evtl. vorsichtig massieren, damit die Milch austritt.

Seite 55:
Oben: Wurf- und Aufzuchtstall aus zwei Abteilungen. Eine Häsin der Rasse Graue Riesen hat einen Wurf Weiße Riesen adoptiert. Unten: Junghäsinnen (Graue Riesen) im Weideauslauf.

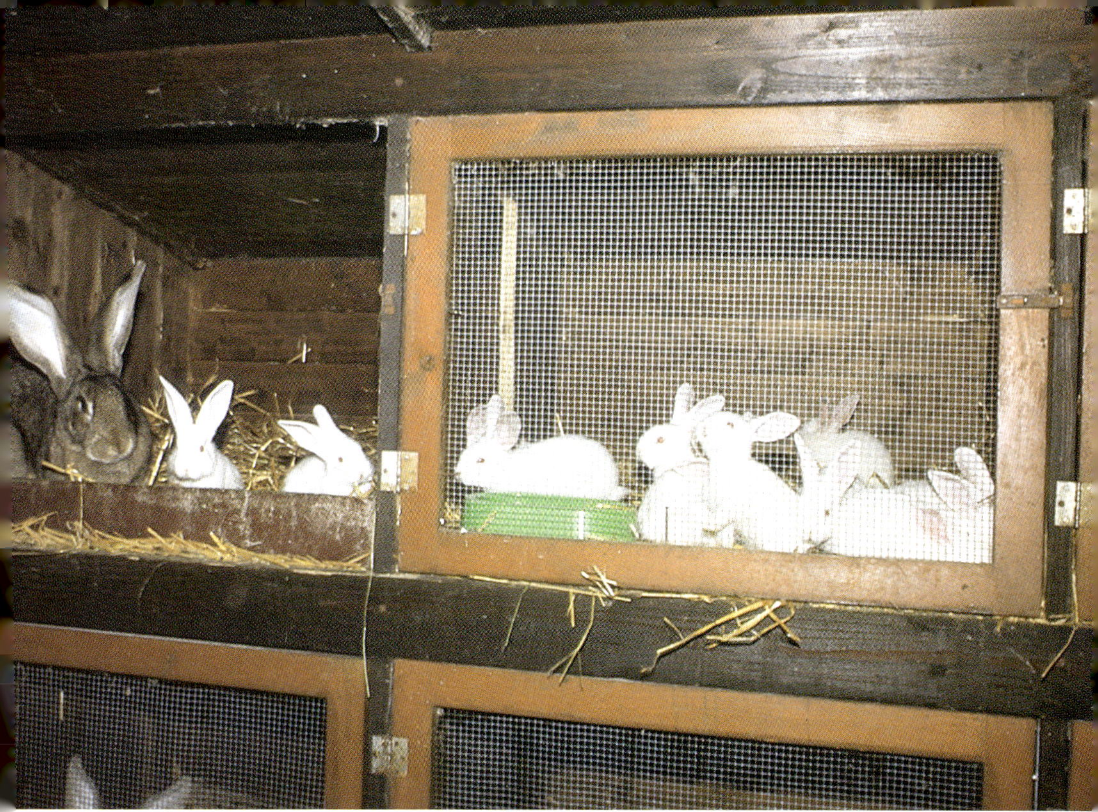
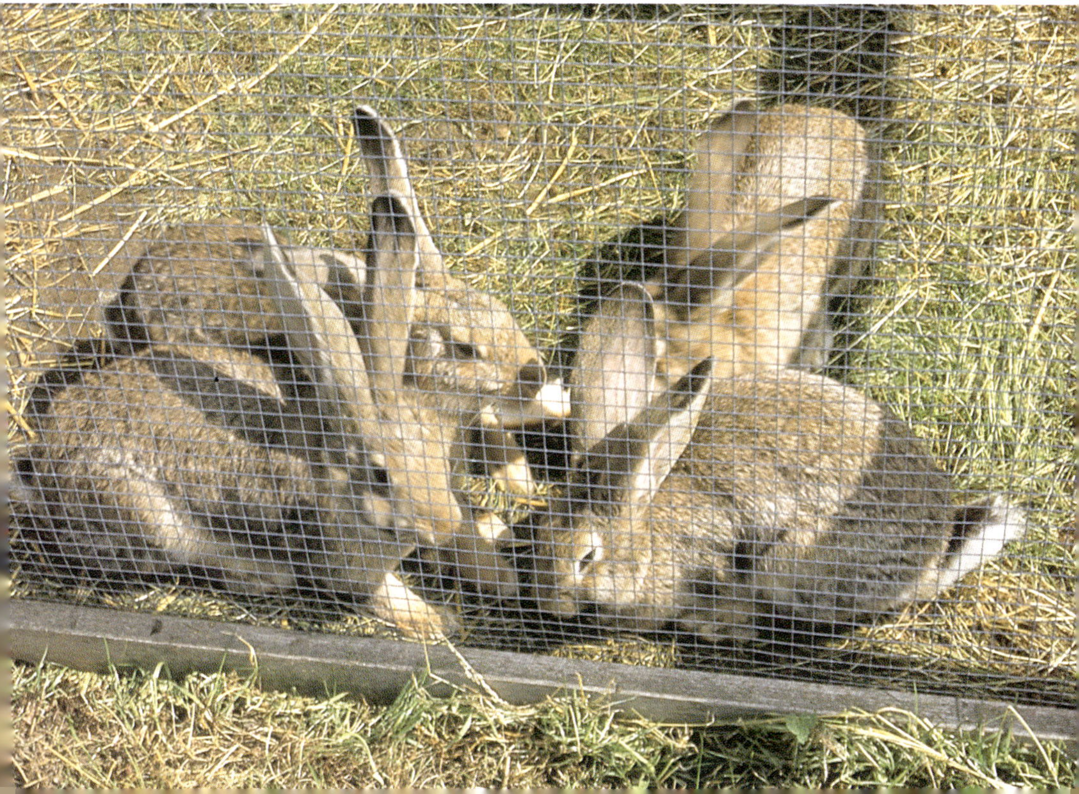

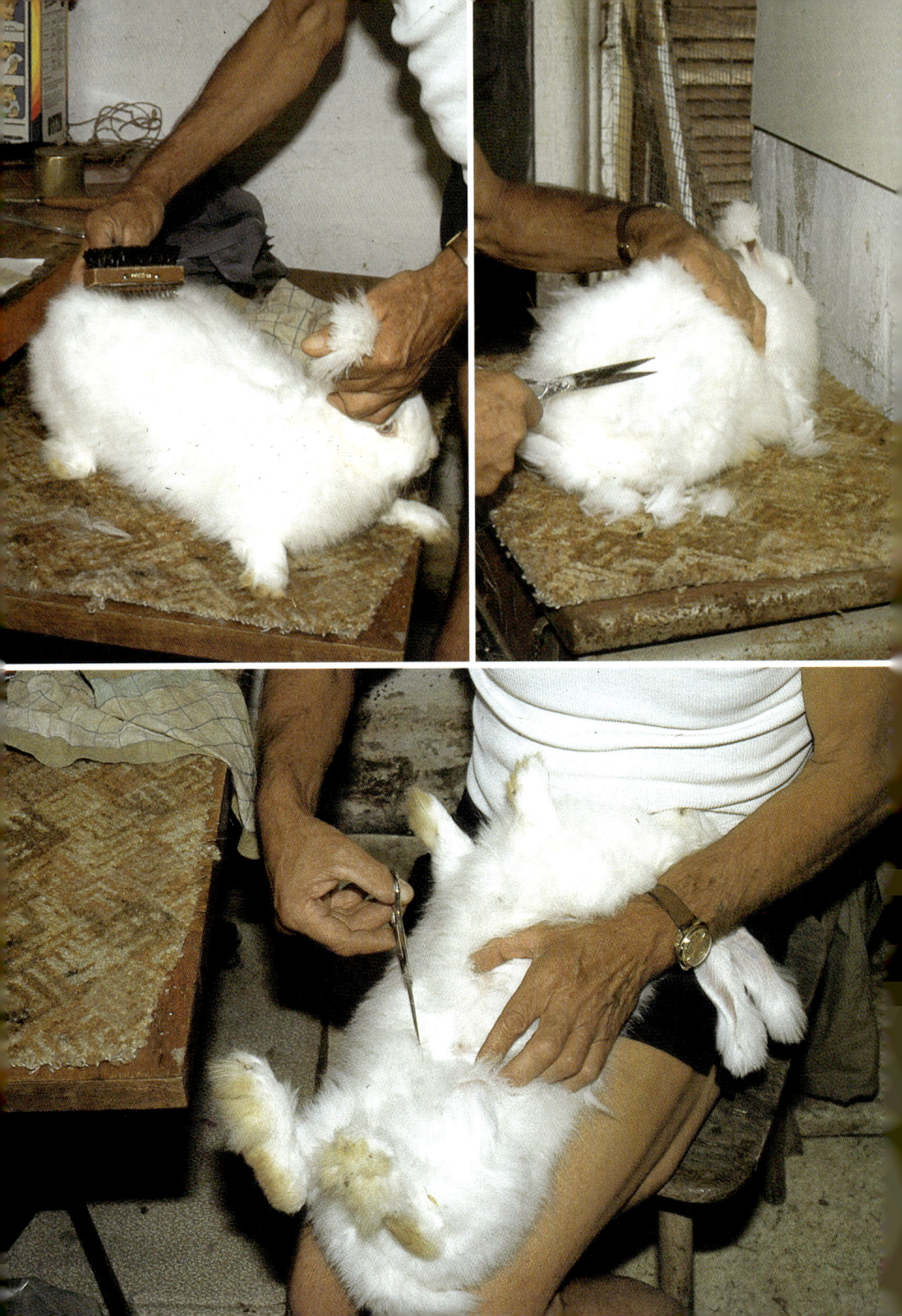

Kaninchenkrankheiten

Geschlechtskrankheit

Spirochaetose
Merkmale: Keine Störung des Allgemeinbefindens.
1. Stadium: Äußere Geschlechtsorgane und Umgebung geschwollen und entzündet, danach stecknadelkopfgroße Knötchen, die leicht zerfallen, bluten und dann eintrocknen.
2. Stadium: Zusätzlich zum Erscheinungsbild des 1. Stadiums dringen Erreger in die Blutbahn ein und verursachen Veränderungen an Augen, Mund, Ohren, Gesäuge und After.

Ursache: Schraubenbakterien (Spirochaeten).
Übertragung: Durch Deckakt, möglicherweise auch durch verseuchten Stall, nicht auf Menschen und andere Säugetiere übertragbar.
Behandlung: Quarantäne und ärztliche Behandlung (zwei Penicillinspritzen im Abstand von einer Woche).

Gesäugeschwellung

siehe *Euterentzündung*

Seite 56:
Die Schur des Angorakaninchens: Vor und nach der Schur wird das Kaninchen kräftig gebürstet (oben links), dann wird am Rücken mit dem Scheren begonnen und ein Schnitt parallel unter den anderen gesetzt (oben rechts); Häsinnen werden zum Freischneiden der Zitzen auf den Rücken gelegt (unten).

Hasenpest

Tularämie (anzeigepflichtig)
Merkmale: Schneller Verlauf: Erhöhte Temperatur (40–41°C), Krämpfe.
Langsamer Verlauf: Abmagerung, Mattigkeit, Niesen, struppiges Fell.
Ursache: Beim Kaninchen seltene, durch Zecken übertragene Nagetierseuche. Da auch auf Menschen und andere Haustiere übertragbar, ist die Hasenpest anzeigepflichtig.
Behandlung: Beim Kaninchen nicht möglich.

Hitzschlag

Merkmale: Kurz vor dem für das Kaninchen tödlichen Kreislaufkollaps matte, flache, sehr schnelle Atmung.
Ursache: Zu große Hitze, kein Trinkwasser.
Behandlung: Vor dem Kollaps sofort in den Schatten bei Temperaturen um 20° C bringen, ebenso temperiertes Wasser in einer Schale zu trinken geben, Bewegung.
Vorbeugung: Nasse Tücher vor die Ställe hängen, den Stallgang mit Wasser bespritzen, weißer Sonnenschutz über dem Stalldach.
Besonders gefährdet: Säugende und dickpelzige Kaninchen, Angoras vor der Schur.

Impotenz

des Rammlers
Merkmale: Der Rammler führt den Deckakt nicht aus oder befruchtet zumindest nicht.
Ursache: Das Tier ist entweder zu fett

oder übermäßig oft zum Decken eingesetzt worden, allgemein geschwächt durch Krankheit oder mangelhafte Ernährung.
Behandlung: Zu fette Tiere erhalten weniger Futter und reichlich Bewegung, schwache Tiere: Schonung, eiweiß- und vitaminreiche Ernährung, Auslauf.

Kaninchenpest

Septikämie
Merkmale: Wie Hasenpest (Tularämie).
Ursache: Infektionskrankheit, die durch weitverbreitete Erreger stark geschwächte Tiere befällt.
Behandlung: Durch gute Haltung vorbeugen. Bei langsamem Verlauf können Antibiotika helfen. Bei Verdacht auf Hasenpest oder Kaninchenpest unbedingt Tierarzt aufsuchen!

Kannibalismus

Merkmale: Häsin frißt alle neugeborenen Jungen auf.
Ursache: Entweder durch Inzucht verlorene Mutterinstinkte, Schmerzen bei der Geburt, zu kleine Ställe oder, was die Hauptursache sein dürfte, mineralienarme, einseitige Ernährung.

Knochenbrüche

Merkmale: Wirbelsäulenverletzung: Lähmung.
Anbruch: Bein wird geschont, kann kaum oder gar nicht bewegt werden.
Durchbruch: Knochen steht hervor, Knochensplitter ragen durch die Haut.
Ursache: Im Haus frei laufende Kaninchen sind zwischen Tür und Rahmen gequetscht worden, im Sprung irgendwo hängengeblieben oder z.B. bei der Schur vom Tisch gesprungen.
Behandlung: Vorbeugen durch Türen, die vor Zuschlagen durch Zugluft geschützt sind. Tiere immer fest, aber vorsichtig mit beiden Händen halten, Schertische sinnvoll konstruieren, keine unbeaufsichtigten offenen Stalltüren, Schutzbrett hinter der Stalltür nicht vergessen. Nur bei Anbruch ist durch Schonung Selbstheilung möglich.

Kokzidiose

Merkmale: Aufgeblähter Leib, teilweise blutiger Durchfall, Futterverweigerung, Abmagerung, blasse Schleimhäute, Zittern, Lähmung der Hinterläufe, Krämpfe. Bei Jungtieren rascher, tödlicher Verlauf.
Ursache: Kokzidien (tierische, einzellige Parasiten), die zuerst im Darmkanal die Darmschleimhaut oder auch Galle und Leber zerstören. Ausgeschieden leben sie als Oocysten weiter, brauchen drei Tage und feuchte Wärme (20°C), bis sie platzen und so, vielfach vermehrt, evtl. durch die Einstreu aufgenommen werden und wieder ansteckungsfähig sind.
Behandlung: Entscheidend sind vorbeugende Maßnahmen. Etwa 70–90% aller Kaninchen haben Kokzidien im Darm – allerdings in unterschiedlicher Menge. Darum die Tiere nach Ankauf separieren und Kot untersuchen lassen. Immer für saubere Einstreu sorgen – häufige Entmistung.
Im Ernstfall:
1. schwerkranke Tiere töten, krankheitsverdächtige Tiere separieren;
2. gründliche Stallsäuberung: Kotreste

mit Schaber aus dem Stall kratzen und mit der Einstreu verbrennen. Mit Lötlampe Ställe ausflammen. Gelöschten Kalk in die Ecken streuen. Näpfe und Raufen gründlich säubern;

3. täglich Kot und Einstreu entfernen und verbrennen – etwa 10 Tage lang;
4. gutes Futter in sauberen Behältern, Gras und Heu nur in kotgeschützten Raufen verfüttern;
5. im Stall muß ausreichend Platz sein, damit die Tiere nicht im eigenen Kot sitzen müssen;
6. evtl. Haferschleim füttern.
7. Auslaufställe: oberste Bodenschicht muß abgetragen werden, wenn möglich verbrennen und/oder mit Kalk bestreuen.

Besonders gefährdet: *Jungtiere,* die das Nest verlassen, im Fellwechsel und bei Futterumstellung.

Myxomatose

Merkmale: Tränende Augen, seitlich stark angeschwollener Kopf, aufplatzende Beulen an den Ohren, teigige Anschwellungen am ganzen Körper, Atemnot, Tod nach 3–5 Tagen.
Ursache: Virus, der durch blutsaugende Insekten übertragen wird, ebenso durch Grünfutter, das durch infizierte Wildkaninchen mit dem Virus verseucht wurde. Trat 1898 erstmals in Südamerika auf. 1950/51 wurde mit dem Virus die australische Kaninchenplage bekämpft, 1952/53 trat die Seuche in Europa auf.
Behandlung: Fast nicht möglich. In Seuchengebieten müssen die Ställe mit Gaze gegen die Stechmücken geschützt werden. Impfungen schützen für einige Monate. Sauberes, weiches Grünfutter, geriebene Möhren, saubere Einstreu.

Tiere, die die Myxomatose überleben, behalten zwar Narben zurück, bleiben aber lebenslang immun gegen diese Seuche und vererben diese Eigenschaft an ihre Nachkommen!

Räude

Merkmale: Kopfräude: Milbengänge im Kopfbereich, Haare fallen aus, Haut wird rot, schuppig, verkrustet, Juckreiz.
Ohrräude: Kleieartiger Belag (später krustig) im Ohr. Tiere halten den Kopf schief, schütteln und kratzen sich.
Ursache: Unsaubere Stallungen. Milben fressen Gänge in Haut, Ohrmuschel, Gehörgang. In den Gängen legen sie ihre Eier ab, die Kaninchen verteilen durch Kratzen die Milbenbrut auf andere Körperteile.
Behandlung: Saubere Stallungen! Die leicht übertragbare Hauterkrankung mit den sehr hartnäckigen Milben muß *sofort* vom Tierarzt behandelt werden, sonst kommt jede Hilfe zu spät.

Schnupfen

Merkmale: Leichter Schnupfen und Lungenentzündung: klarer Ausfluß nach Niesen, Kreislaufschwäche.
seuchenhafter Schnupfen: Schleimige oder eitrige Absonderungen nach Niesen, Bindehaut- und Mittelohrentzündung, Mattigkeit, Freßunlust.
Ursache: Schlechte Haltungsbedingungen, Zugluft, große Hitze, mangelhafte Ernährung.
Behandlung: Erkrankte Tiere sofort separieren. Desinfektion der Ställe und

Kaninchenkrankheiten

Geräte. Mit Gummi-Wegwerfhandschuhen arbeiten. Tierarzt! Vorsicht! Durch Nachlässigkeit wird aus einfachem Schnupfen im Nu der seuchenhafte Schnupfen. Oft tritt nach plötzlicher Besserung des leichten der seuchenhafte Schnupfen auf. Unbedingt für bessere Haltungsbedingungen sorgen!

Septikämie

siehe *Kaninchenpest*

Speichelfluß

Merkmale: Die Tiere »sabbern«.
Ursache: Fremdkörper (Granne, Distel o. ä.) im Mund- und Rachenbereich.
Behandlung: Fremdkörper entfernen. Hält der Speichelfluß an, *muß* der Tierarzt zugezogen werden.

Spirochätose

siehe *Geschlechtskrankheit*

Trommelsucht

siehe *Blähsucht*

Tularämie

siehe *Hasenpest*

Unfruchtbarkeit

der Häsin siehe *Eierstockzysten*

Verstopfung

Merkmale: Tiere sitzen, ohne zu fressen, mit krummem Rücken und evtl. aufgetriebenem Leib im Stall, kein oder wenig Kot geht ab.
Ursache: Zu mastiges Futter, z.B. Kleie, kein Rauhfutter, Umstellung auf Trockenfutter, keine Tränke, zu wenig Bewegung, Infektion mit Fieber.
Behandlung: Mehr Bewegung, Wasser, Rauhfutter, Obst und Gemüse. Bleibt die erhöhte Temperatur – Tierarzt befragen.

Vitaminmangel

Merkmale: Sehr langsame Gewichtszunahme, Kümmerwuchs, schlechtes Fell, Infektanfälligkeit.
Ursache: Zu einseitiges Futter, zu wenig Sonne.
Behandlung: Gutes, abwechslungsreiches Futter (frisch), gute Stallbedingungen.

Wunde Läufe

Merkmale: Entzündungen und Geschwüre mit Haarausfall an den Läufen, die Tiere lahmen und liegen mit stark angezogenen Läufen.
Ursache: Keine oder unsaubere, feuchte Einstreu, zuwenig Auslauf, zu mastige Fütterung.
Behandlung: Saubere, reichliche Einstreu, mehr Bewegung, Tränke nicht vergessen! Kein Fertigfutter und Hafer, sondern nur frische Pflanzen und Heu füttern. Kamillentee oder Kamillensalbe mehrmals täglich auf befallene Stellen auftragen.

Wunde Zitzen

siehe *Euterentzündung*

Verwertung

Dieses letzte Kapitel ist besonders wichtig für alle, die Kaninchen zur Selbstversorgung halten möchten. Fleisch, Fell, Dünger und Angorawolle werden der Reihe nach besprochen. Beginnen wir also mit dem Fleisch.

Das Fleisch

Die Jungtiere sind mit etwa drei bis vier Monaten schlachtreif und ergeben bei guter Haltung mit reichlich Auslauf und abwechslungsreichem Futter sehr schmackhaftes Fleisch, das in der Qualität nicht mit den Tiefkühlprodukten industrieller Aufzucht zu vergleichen ist. Dabei ist prinzipiell nichts gegen die Tiefkühlung des Kaninchenfleisches zu sagen, nur muß eben auch *vor* der Tiefkühlung die Fleischqualität stimmen. Und da gilt das gleiche wie im Obst- und Gemüseanbau: Die Frucht ist immer nur so gut wie das, was man als Nahrung gegeben hat.

Der Geschmack des Kaninchenfleisches ist neutral und mit Kalbfleisch vergleichbar. Die Art der Zubereitung hängt also vom ganz persönlichen Geschmack ab. Was den gesundheitlichen Aspekt des Kaninchenfleisches betrifft, so ist seine leichte Verdaulichkeit hervorzuheben. Wenn nicht entsprechend gemästet wurde, gehört es zu den fettärmsten Fleischarten mit außerordentlich hohem Eiweißgehalt. Trotzdem enthält es die wenigsten Purinkörper. Da das Purin im Körper zu Harnsäure umgewandelt wird, ist es neben Bewegungsmangel und einer vererbbaren Veranlagung hauptverantwortlich für Gicht, Gelenkentzündungen und Stoffwechselstörungen allgemein. Wer also unter Gicht leidet oder ihr auf alle Fälle vorbeugen möchte, findet hier das geeignete Diätfleisch. Krankenhäuser sind darum oft dankbare Abnehmer für dieses hervorragende Fleisch, das auch bei Herzinfarktgefährdung, Nierenschrumpfung, Arteriosklerose u. v. a. auf dem Speiseplan steht.

Die Daten im Vergleich:	Eiweiß	andere Nährstoffe
Mageres Kaninchenfleisch	ca. 21 bis 23%	ca. 40%
durchwachsenes Rindfleisch	ca. 20%	ca. 24%
Hühnerfleisch	ca. 18%	ca. 31%

In England, Frankreich, Spanien und Italien gehört Kaninchenfleisch übrigens zum selbstverständlichen Bestandteil der wöchentlichen Speisekarte und wird von Feinschmeckern hoch geschätzt.

Am Vortag der *Schlachtung* erhält das Kaninchen kein Futter mehr. Die Därme sind sonst zu stark gestopft und könn-

61

ten beim Ausweiden zerreißen und das Fleisch verderben. Nun wird das Tier auf eine Tischplatte gesetzt und durch Streicheln und freundliches Zureden beruhigt. Zur Betäubung gibt es zwei verschiedene Möglichkeiten, die von jedem Kaninchenhalter unterschiedlich bewertet werden. Die neuere Methode ist die Betäubung durch ein Bolzenschußgerät (im Kleintierfachhandel erhältlich), dessen richtige Anwendung eine sofortige, tiefe Bewußtlosigkeit bewirkt. Dabei faßt man das Tier mit einer Hand sicher an den aufgerichteten Ohren und hält mit der anderen Hand das Bolzenschußgerät an die Stirn – so eng wie möglich an oder zwischen den Ohren (Abb. 22). Hier kann der Metallstift am besten eindringen. Anschließend fällt das Kaninchen sofort entspannt zur Seite. Die herkömmliche Methode ist die, statt des Bolzenschußgerätes einen Hartholzstock zur Betäubung zu verwenden. Man plaziert einen kurzen, kräftigen Schlag dort, wo auch das Bolzenschußgerät angesetzt wird, also kurz *vor* den Ohren auf der Stirn, und hält dabei ebenfalls die Ohren fest. Da die Tötung selbstverständlich ohne Aufregung und schmerzlos erfolgen soll, kommen zwei andere – verbotene, aber leider noch sehr gebräuchliche – Betäubungsformen für verantwortungsvolle Tierhalter nicht in Frage. In beiden Fällen wird das Tier entweder sitzend oder an den Hinterläufen hochgehalten und mit einem Stockschlag ins Genick betäubt.

Ich kenne gestandene Metzger, die nie mehr ein Kaninchen schlachten wollen, da ihnen bei dieser Methode das Grausen kam. Oft werden nämlich dabei die Tiere nicht sofort betäubt und schreien dann wie kleine Kinder.

Empfehlenswert ist es auf alle Fälle, bei einem erfahrenen Kaninchenhalter – der vorschriftsmäßig schlachtet – zuzusehen und es anschließend mit dessen Assistenz selbst zu versuchen, bevor durch verständliche Unsicherheit Schaden angerichtet wird.

Nachdem das Tier durch Bolzenschußgerät oder Stockschlag vor die Ohren betäubt wurde, schneidet man mit einem genügend großen und wirklich scharfen Messer die Kehle durch. Das ist wichtig, da nur durch das Ausbluten der Blutkreislauf zusammenbricht und das Tier getötet wird. Das vollständige Ausbluten ist außerdem nötig, um das Fleisch genießbar zu machen. Je angstfreier das Tier betäubt wurde, um so leichter und vollständiger blutet es aus. Wenn Sie mehrere Kaninchen gleichzeitig schlachten, lohnt es sich, das Blut für Wurst und ähnliche Brotbeläge aufzufangen. Dabei muß es ständig und schnell bis zur Abkühlung gerührt werden, damit es nicht gerinnt.

Um das Fell beim Ausbluten nicht zu beschmutzen, heben Sie das Tier an den Hinterläufen hoch und ziehen mit der anderen Hand den Kopf an den Ohren ins Genick.

Nun wird das *Fell* abgezogen, d. h. »abgebalgt«. Warten Sie damit nicht zu lange, denn vom erkalteten Körper ist das Fell nur sehr schwer abzuziehen. Außerdem ist es aus hygienischen Gründen angebracht, das Tier so schnell wie möglich »auszuweiden«, also die Gedärme herauszulösen. Bevor das Kaninchen zu diesem Zweck an den Hinterläufen aufgehängt wird, fassen Sie es an den Ohren und streichen mit der Hand von oben nach unten über die Bauchseite, damit sich die Blase entleert.

Damit das Fleisch frei hängen kann, nageln Sie am besten zwischen zwei Kanthölzer eine stabile Querlatte, in die im Abstand von etwa 30 cm zwei Haken geschraubt werden. Mit zwei Fleischerhaken, die durch die Sehnen der Hinterläufe gesteckt werden, hängen Sie das Tier auf. Jetzt schneidet man mit einem scharfen Messer (spitz zulaufende, nicht zu kurze Klinge) an den Hinterläufen kurz unterhalb des Gelenkes rund um die Läufe. Der nächste Schnitt erfolgt jeweils an der Innenseite der Schenkel von oben nach unten, wo sich die beiden Schnitte im Rumpf treffen. Mit möglichst wenig Schnitten in die Bindehaut zwischen Fell und Fleisch wird das Fell von den Beinen getrennt. Nun löst man die »Blume«, also das Stummelschwänzchen, aus und kann danach das Fell bis zum Kopf abziehen. Je älter das Kaninchen ist, um so schwieriger wird das; eventuell muß mit kleinen Schnitten die Haut zwischen Fellinnenseite und Fleisch aufgetrennt werden. Aber Vorsicht – das Fell darf nicht verletzt werden!

Als nächstes schneidet man die Vorderpfoten ab. Wollen Sie das Fell verkaufen und den Kopf mitverwerten, beginnt jetzt der schwierigste Teil des Abbalgens. Andernfalls schneiden Sie den Kopf ab.

Um den Kopf abzubalgen, schneidet man die Ohren am Ansatz ab, und mit vorsichtigen Schnitten um Augen und Lippen wird das Fell abgelöst. Als letztes werden die Augen mit dem Messer aus den Höhlen entfernt. Das Fell liegt nun

Abb. 22: Der Betäubungsschlag bzw. der Bolzenschuß muß das Kaninchen kurz vor den Ohren treffen.

mit der Lederseite nach außen wie ein umgekehrter Strumpf vor Ihnen und wird nach dem Ausweiden weiter bearbeitet.

Zum *Ausweiden* setzt man das Messer vorsichtig – damit der Darm nicht verletzt wird – zwischen den Hinterläufen an, bis ein Finger in den Schnitt paßt, spannt so die Bauchwand nach vorne und schneidet weiter bis zum Brustkorb in gerader Linie auf der Bauchmitte. Jetzt setzt man das Messer erneut in Schwanzhöhe zwischen den Schenkeln an, schneidet die Schenkel entzwei, und mit einem kurzen Ruck werden die Keulen auseinandergebrochen. Nun schneiden Sie vorsichtig um das Mastdarmende herum, lösen es aus und entfernen Gedärm, Magen und Leber aus der Bauchhöhle. Achten Sie dabei darauf, daß kein Kot austritt, der das Fleisch verderben würde. Bei einem älteren

63

Rammler schneidet man auch die Bauchteile im Bereich der Geschlechtsteile großzügig aus, da dieses Fleisch sehr streng schmecken kann. Jetzt wird sofort die Gallenblase von der Leber abgetrennt. Vorsicht – sie darf nicht verletzt werden! Wenn die Leber glatt und ohne Pigmentierung oder Bläschen ist, kann sie gegessen werden (ein Genuß!) und wird gleich gewässert, damit die zarte Oberfläche nicht eintrocknet.

Zum Schluß werden Herz, Lunge, Luft- und Speiseröhre ausgetrennt. Das Herz und die Nieren werden nach einem Längs- und Querschnitt ausgeblutet und gewässert und können dann in den Kochtopf wandern.

Nun tupfen Sie das Fleisch mit einem feuchten Tuch ab (nicht abwaschen!) und entfernen Fellflusen von der Haut. Kühl, luftig und fliegensicher (!) sollte das Fleisch ca. zwei Tage abhängen.

Das Fleisch wird weder gehäutet noch gewässert. Ersteres ist unnötig, und durch Wässern verliert das Fleisch wertvolle Substanz und schmeckt anschließend fade.

Das Fett des Kaninchens ist Geschmackssache. Lösen Sie es auf jeden Fall erst am nächsten Tag aus, dann ist es fest geworden, und die Arbeit geht leichter. Man kann es wie Schweineflomen kleinschneiden und ausgelassen als Brotaufstrich oder zum Anbraten verwenden. Mit in Streifen geschnittenem, nicht ausgelassenem Fett kann das Fleisch gespickt werden. Aus dem Fleisch können Sie Suppen, Braten, Frikassee, Hackfleisch oder Wurst zubereiten, die Schlegel sind geräuchert eine Delikatesse. Der Phantasie sind keine Grenzen gesetzt. Ältere Tiere schmecken besonders gut, wenn sie über Nacht in einer Weißweintunke (trockener Tischwein) gelegen haben.

Zur Anregung hier mein Lieblingsrezept: Kaninchen in portionsgroße Stücke zerlegen, pfeffern und salzen. Zwiebeln und etwas Knoblauch in Butter erhitzen, das Fleisch darin anbraten und bei mittlerer Hitze in den Backofen stellen. Etwas Sellerie, Lorbeer und ein Schuß trockener Weißwein kommen dazu. Nach ca. 40 Minuten und öfterem Begießen mit dem eigenen Saft, der mit Wasser gestreckt wurde, das Fleisch aus der Soße nehmen und warm stellen. Soße durch ein Sieb pürieren, Creme fraîche dazugeben, mit Zitronensaft und Safran abschmecken und kurz aufkochen. Das Fleisch noch einmal zehn Minuten in der Soße ziehen lassen. Dazu gibt es Salzkartoffeln, frischen Salat und einen guten Tropfen.

Das Fell

Wenn irgend möglich, sollte das Kaninchen zur Fellreife geschlachtet werden. Da das nur zweimal im Jahr der Fall ist und Winterfelle am schönsten sind, sollte man versuchen, die meisten Tiere Ende Herbst zu schlachten und den Vorrat einzufrieren.

Die Fellreife eines Kaninchens läßt sich erkennen, indem man mit der Hand gegen den Fellstrich fährt. Wenn dabei keine Haare ausgehen, ist die Fellreife abgeschlossen. Oder Sie pusten in das Fell hinein. Die darunter sichtbar werdende Haut muß hell und frei von dunklen Flecken sein.

Nachdem das Fell abgebalgt ist, wird

die Lederseite mit einem Löffel gründlich abgeschabt. Nun zieht man es mit der Lederseite nach außen über einen Holz- oder Metallspanner. Die Hinterläufe werden über die Spannerenden gestülpt, so daß keine Hautfalten entstehen. Der Kopf wird mit Zeitungspapier ausgestopft. Das Leder muß vollkommen glatt gespannt sein! An einem *kühlen*, luftigen Ort wird es fliegensicher getrocknet. Wenn es ordentlich durchgetrocknet ist (ca. 3–8 Tage), muß es vom Spanner genommen und (immer noch mit der Lederseite nach außen) mit dicken Lagen Sägemehl zwischen den Fellen in Kartons eingemottet und ungeziefersicher gelagert werden, bis genügend Felle beieinander sind, um sie zur Gerberei zu schicken. Achten Sie darauf, in einem Begleitschreiben die Fellarten und ihre Anzahl genau zu benennen. Also z.B.: Acht Riesenschecken, zwei Schwarzsilber, vier rote Neuseeländer usw., sonst kann es Durcheinander bei der Rücksendung geben. Die Felle werden in der Gerberei sofort gekennzeichnet, damit Sie auch die richtigen Felle zurückbekommen.

In der Gerberei werden die Felle fachgerecht »zugerichtet«, also gegerbt und gereinigt, das Leder wird auf eine gleichmäßige Stärke geschnitten. Das Ganze ist nicht billig, aber Sie können dann auch sicher sein, daß Sie optimale Felle erhalten.

Da für die Zurichtung verschiedene, teilweise sehr aggressive Chemikalien verwendet werden und dazu viel Fachkenntnis gehört, empfiehlt es sich nicht, es einmal selbst zu versuchen. Außerdem erhalten Sie diese Chemikalien nur in Großverbrauchermengen und belasten durch deren Verwendung im Haushalt in nicht zu verantwortender Weise die Kläranlagen. Gerbereien müssen diesbezüglich mittlerweile strenge Auflagen erfüllen.

Wer es allerdings unbedingt einmal versuchen will, sollte folgendes Rezept ausprobieren, das ich jedoch selbst noch nicht genügend getestet habe, um Endgültiges sagen zu können (nehmen Sie für solche Versuche minderwertige Felle, für die sich der preisliche Aufwand in der Gerberei nicht lohnt):

Nach dem Abbalgen wird die Lederseite zuerst gründlich mit einem Löffel, dann mit einem Bimsstein sauber geschabt und dick mit Alaun (in der Apotheke erhältlich) eingerieben. Nun schneiden Sie mit einem Teppichmesser die seitlichen minderwertigen Stellen ab, so daß ein Rechteck entsteht. Dann wird Leder auf Leder zusammengelegt, das Fell bildet jetzt ein Quadrat. An einem kühlen, trockenen Ort wird das Fell jetzt ca. drei Wochen aufbewahrt – aber auf das Wie kommt es an! Das Fell muß nämlich so stark und gleichmäßig wie nur irgend möglich gepreßt werden. Vielleicht haben Sie einen schweren Schrank, unter den Sie die Leder auf Leder liegenden Felle schieben können. Legen Sie vorher noch auf beide Fellseiten eine dicke Lage Papier. Oder Sie nehmen zwei große Holzplatten, die das Fell einschließen, und mit Schraubzwingen (auch in der Mitte der Platten) wird der nötige Druck erzeugt. So belassen Sie das Fell ca. drei Wochen und schaben anschließend das Leder noch einmal gründlich mit dem Bimsstein ab. Jetzt wird es zur Dehnung mit einem Tacker auf eine Sperrholzplatte gezweckt und evtl. noch einmal mit Bimsstein abgerieben. Wenn Sie Glück haben, ist das Leder nun sauber und weich und bleibt es auch. Mir ist es schon gelungen – aber, wie gesagt, es gelingt nicht immer. Experimentierfreudige werden hiermit herzlich gebeten, ihre Erfahrungen mitzuteilen.

Was Sie dann alles aus den fertig behandelten Fellen herstellen können und vor allen Dingen wie, entnehmen Sie am besten dem Büchlein »Pelze nähen am Feierabend« von Erich Goerner (Verlagshaus Reutlingen, Oertel & Spoerer), der sich diesem Thema sehr ausführlich gewidmet hat.

Der Dünger

Kaninchenmist ist ein wertvoller Dünger, den jeder Gärtner und Selbstversorger zu schätzen weiß. Wenn man, wie besprochen, Kotkisten verwendet, in die zuunterst etwas Erde und dann Stroh eingefüllt wird, bilden Urin und Kot in dieser Mischung eine ideale Komponente für den Komposthaufen. Wem es zu viel Arbeit ist, die Erde in die Kästen zu füllen – Stroh allein tut es auch, ist aber nicht so saugfähig, und das Ganze muß natürlich mit Erde vermischt werden, bevor es in den Kompost eingearbeitet wird. Nur soviel sei hier gesagt: Frischer tierischer Dünger wird *nie unverdünnt* in den Boden gebracht, sondern im Herbst *verdünnt* mit Mulchmaterial *auf* dem Boden verteilt und leicht eingeharkt. Das gleiche gilt für halbgaren Kompost.

Kaninchenmist gehört neben Schaf- und Ziegenmist zu den »hitzigen« Düngern. Ihr Stickstoffgehalt kann bei Über-

düngung Geilwuchs hervorrufen. Darum sparsam und vor allem bei stark zehrenden Gemüsen einsetzen.

Die Angorawolle

Die Schur des Angorakaninchens ist nicht jedermanns Sache. Es gehört Geduld, Geschick und Einfühlungsvermögen dazu. Bevor Sie sich also für diese Kaninchenrasse entscheiden, machen Sie am besten ein Probescheren bei einem befreundeten Angorahalter, um beurteilen zu können, ob Sie sich dafür geeignet fühlen. Allerdings geht es am Anfang immer recht mühsam vonstatten – denken Sie an die Meister, die nicht vom Himmel fallen.

Angorawolle ist wegen ihrer guten Hautverträglichkeit, ihrer Heilwirkung bei Rheuma- und Gelenkerkrankungen und wegen ihres enorm hohen Wärmespeicherungsvermögens besonders wertvoll.

Je stärker die Flaumhaare gekräuselt sind, um so stärker ist auch das Wärmespeicherungsvermögen. Außerdem sind diese Flaumhaare innen hohl und zeigen damit das gleiche Phänomen wie das Fell des Eisbären, dessen Kälteschutz neben Dichte und Länge der Fellhaare in dem Trick mit den Hohlräumen besteht.

Zum Vergleich:
Schafwolle hat ein Wärmespeicherungsvermögen von ca. 50%, Angorawolle je nach Flaumhaarmenge 50–70%. Um einen Schafwollpulli auf 70% zu bringen, müßte die dreifache Wollmenge verstrickt werden. Um die im Ver-

gleich nicht so hohe Reißfestigkeit der Angorawolle auszugleichen, wird meist etwas Merinoschafwolle mitverstrickt bzw. im Angoragarn mitversponnen.

Je hochwertiger die Wolle eines Angorakaninchens ist, um so mehr Flaumhaare und um so weniger Grannenhaare hat es. Die Grannen bedecken das gesamte Fell, sind relativ fest, glänzend und ungekräuselt. Im allgemeinen machen sie etwa 2–5% der Gesamtwolle aus. Ältere Tiere bilden mit der Zeit größere Grannenanteile in der Wolle, sind aber für die Zucht immer noch hervorragend geeignet. Unter den Grannenhaaren liegen die Grannenflaumhaare, die fester als die Flaumhaare, aber ebenfalls gekräuselt sind und eine Grannenspitze haben. Die Unterwolle wird von den begehrten Flaumhaaren gebildet. Je dicker diese Haare sind, um so weniger neigen sie zum Verfilzen.

Zum Verspinnen ist es zweckmäßig, möglichst lange Wollhaare zu verarbeiten. Da aber mit zunehmender Flaumlänge die Wolle am Kaninchenkörper verfilzt, und da sich durch Lecken und Putzen überlange Haare im Verdauungstrakt zu gesundheitsgefährdenden Knäueln ansammeln können, sucht man einen Mittelweg und schert, wenn die Wolle mindestens sechs cm lang ist. Je nach Futter und Haltungsbedingungen ist das etwa alle 10–13 Wochen der Fall. Die Wolle säugender Häsinnen wächst verständlicherweise langsamer, da hier viel Energie in die »Milchproduktion« investiert wird. Trächtige Häsinnen werden nicht geschoren und sollten erst etwa zwei bis drei Monate nach der Schur gedeckt werden. Jungtiere werden mit 8–9 Wochen das erstemal ge-

schoren. Wegen ihrer enormen Wollproduktion haben Angoras übrigens einen höheren Wasserbedarf als andere Kaninchenrassen. Der Jahreswollertrag pro Tier liegt heute (1986) bei etwa 1100 g. 1956 waren es noch 500–600 g und 1930 ca. 230 g. Die Wolle der Monate Oktober bis Dezember wächst erfahrungsgemäß am schnellsten und ist am dichtesten.

Bevor es nun an die *Schur* geht, wird die Wolle gebürstet und gekämmt. Hochwertige Tiere haben eine dicke und filzarme Unterwolle, so daß diese Pflegemaßnahme bis auf Ausnahmen nur vor der Schur nötig wird. Dazu setzt man das Kaninchen auf einen kleinen Tisch (siehe Abb. 23), der nicht viel größer als das Tier selbst sein sollte, sonst springt es ständig hin und her. Damit es sich gut festhalten kann, wird der Tisch mit Sackleinwand oder ähnlichem Material bespannt, eine schmale Leiste an den Kanten verhindert ein Abrutschen des Tieres.

Überlange Krallen werden bei dieser Gelegenheit gleich mit einer Zange gekürzt. Vorsicht – nicht zu kurz schneiden, das schmerzt empfindlich. Lassen Sie sich das von einem erfahrenen Kaninchenhalter zeigen.

Der Tisch sollte verstellbar und schwenkbar sein. Allerdings bitte nicht verstellen, wenn das Kaninchen schon auf dem Tisch sitzt, das verängstigt das Tier zu sehr. Gehen Sie mit den Bewegungen des Tieres um den Tisch herum. Heu, Stroh und andere Verschmutzungen werden mit der Hand aus der Wolle entfernt. Filzknoten müssen vorsichtig mit den Fingern aufgelöst werden. Besonders am Bauch neigt die Wolle zum

lichst abgerundeten Haushaltsschere oder mit der Schermaschine durchgeführt werden. Von Hand dauert alles etwas länger, aber gerade der Anfänger wird mit einer langsamen Schur besser zurechtkommen, da bei steigender Schurgeschwindigkeit natürlich auch die Geschicklichkeit mithalten muß. Es könnten nur zu schnell Verletzungen durch den elektrischen Scherkopf entstehen. Oberstes Gebot bei der Schur: Nehmen Sie sich Zeit!

Hektik macht die Tiere nervös und belastet Mensch und Tier unnötig. Etwa eine Stunde müssen Sie am Anfang pro Tier schon einplanen. Geübte Fachkräfte erledigen das zwar in ca. zehn Minuten, aber wer es später in 30–40 Minuten schafft, kann schon sehr zufrieden sein. Nach der Schur soll das Kaninchen ja nicht wie von der Räude befallen aussehen, sondern ein möglichst einheitlich kurzes Fell haben, denn bei der nächsten Schur ist ein ungleichmäßig nachgewachsenes Vlies sehr ärgerlich.

Stellen Sie sich am besten so vor das Kaninchen, daß Sie es mit der Linken festhalten, den Kopf zu Ihnen gerichtet, und beginnen Sie, einen Streifen vom Kopf über den Rücken bis zur Blume zu schneiden. Reihe für Reihe scheren Sie so die linke, dann die rechte Seite, indem Sie sich hinter das Kaninchen stellen. Man kann auch von der Mitte des Hinterteils beginnen und zur Bauchseite seitliche Streifen schneiden. Auch Ohrbehang und Backenbart werden gestutzt, wenn das Tier nicht bei einer Ausstellung vorgeführt werden soll. Die Hinterläufe schert man, indem das Kaninchen vom linken Arm umfaßt wird, sein Kopf liegt in Ihrer Armbeuge, mit der Hand

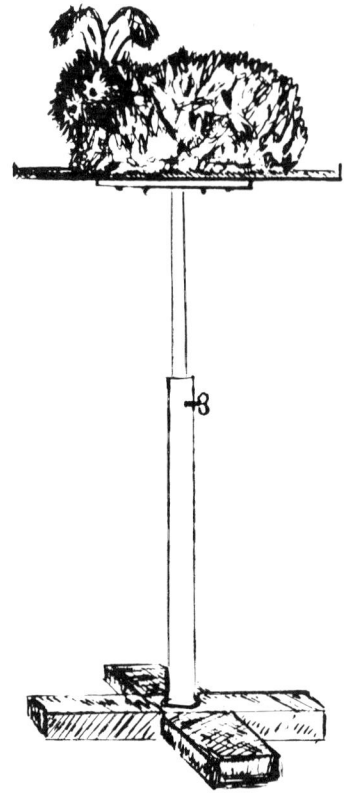

Abb. 23: Schertisch für Kaninchen.

Verfilzen. Jetzt nehmen Sie eine gewöhnliche Haarbürste, möglichst mit abgerundeten Drahtborsten, und einen Stahlkamm. Bürsten Sie ruhig und sanft gegen den Strich, bis die Wolle locker steht. Je gründlicher diese Vorarbeiten ausgeführt werden, um so leichter fällt das Scheren.

Die Schur kann jetzt entweder mit einer normalen, nicht zu großen und mög-

wird das Sprunggelenk so gefaßt, daß der Hinterlauf geradegestreckt ist. Umgekehrt, den Kopf des Kaninchens in der linken Hand, kann dann die Halskrause geschoren werden.

Für die Bauchpartie legen Sie sich das Tier am besten auf den Schoß. So können die empfindlichen Saugwarzen gefahrlos freigeschnitten werden. Erst dann schert man Bauch, Brustansatz und Beine – die Füße nicht vergessen! Aber auch hier sollte man bei anderen zuschauen, jeder hat seine Tricks, und man lernt immer etwas dazu. Nach dem Scheren wird das Kaninchen erst gegen, dann mit dem Strich gebürstet, damit Wollreste entfernt werden, die sonst Ursache von Filzknoten sind. Außerdem regt das Bürsten die Hautdurchblutung an. Nach der Schur müssen die Tiere unbedingt warm gehalten werden – jetzt sind sie besonders krankheitsanfällig. Kleine Verletzungen werden mit Kamillosan ® oder Propolis-Tinktur betupft.

Die angefallene Wolle haben Sie während der Schur in dafür um den Schertisch bereitgestellte Behälter sortiert. Die Behälter müssen trocken, fest verschließbar und groß genug sein, damit die Wolle nicht gedrückt wird. Flache Lavendelkissen in der Wolle verhindern Mottenbefall.

Für die *Wollsortierung* hat man sechs verschiedene Gruppen eingeführt:

Sorte I:	Wolle, über 6 cm lang, reinweiß
Sorte II:	Wolle, 4–6 cm lang, reinweiß
Sorte III:	Wolle, 2–4 cm lang, reinweiß
Filz I:	Filz, weiß und sauber
Filz II:	Filz und Wolle weiß, leicht verunreinigt
Filz III:	Filz und Wolle, stark verunreinigt.

Um einen Überblick über den Wollertrag pro Tier zu bekommen, sollte die Wolle eines jeden Tieres gewogen werden. Zum Versand wird die gesamte Wollmenge nach Gruppen sortiert, abgewogen und getrennt in Papiertüten verpackt. Die Tüten werden mit der Sortenbezeichnung und dem Nettogewicht (also Gewicht ohne Tüte) beschriftet. Eine Wollabnahmestelle in Ihrer Nähe finden Sie im »Blauen Kaninchenjahrbuch«, das jährlich erscheint und in dem Sie auch alle anderen wichtigen Anschriften finden. Natürlich können Sie sich auch ans Selbstverspinnen wagen und die Wolle eventuell mit Naturfarben tönen. Wirklich naturreine Wolle ist aber immer ungefärbt und behält so am besten ihre guten Eigenschaften.

Literatur zum Thema

Bücher

»BLAUES KANINCHENJAHRBUCH«, Oertel & Spörer Verlag, Reutlingen
FALK, EMIL, »Moderne Angorakaninchenzucht«, Oertel & Spörer Verlag, Reutlingen
FRITZSCHE, HELGA, »Kaninchen«, Graefe & Unzer Verlag, München
GÖRNER, ERICH, »Pelze nähen am Feierabend«, Oertel & Spörer Verlag, Reutlingen
»KANINCHENSTÄLLE«, Oertel & Spörer Verlag, Reutlingen
SCHLEY, PETER, »Kaninchen«, Eugen Ulmer Verlag, Stuttgart

WEISSENBERGER, KARL, »Angorakaninchen«, A. Philler Verlag, Minden
WEISSENBERGER, KARL, »Kaninchenzucht«, A. Philler Verlag, Minden

Fachzeitschriften

DEUTSCHER KLEINTIERZÜCHTER
Ausgabe Kaninchen
2 x monatlich
Verlag Oertel & Spörer, Reutlingen

GEFLÜGEL-BÖRSE
2 x monatlich
Verlag Jürgens KG, Germering

Register

Register

Register